DER KONKURS
DER GESELLSCHAFT MIT BESCHRÄNKTER HAFTUNG

VON

DR. IUR. WALTER LEHMANN.

LEIPZIG
VERLAG VON VEIT & COMP.
1913

Leipziger juristische Inauguraldissertation.

Druck von Metzger & Wittig in Leipzig.

Inhalt.

Literaturverzeichnis.

BEHREND, Lehrbuch des Handelsrechts. Berlin 1886.

BETT, Der Konkurs der Aktiengesellschaft und ihre Erneuerung. Leipzig 1904.

BORCHARDT, Die Handelsgesetze des Erdballs. Berlin 1906—1911.

COSACK, Lehrbuch des Handelsrechts. 7. Aufl. Stuttgart 1910.

Denkschrift zu dem Entwurfe eines HGB. und eines EG. in der Fassung der dem Reichstage gemachten Vorlage. Berlin 1897.

ESSER, Kommentar zum Gesetz betr. die Gesellschaften m. b. H. 4. Aufl. Berlin 1908.

FÖRTSCH, Kommentar zum Gesetz betr. die Gesellschaften m. b. H. 2. Aufl. Leipzig 1900.

GAREIS, Das deutsche Handelsrecht. 8. Aufl. Berlin 1909.

GOLDSTEIN, Der Konkurs der Aktiengesellschaft. Doktor-Diss. Würzburg 1901. Abgedruckt in den Annalen des Deutschen Reiches, 1901 S. 721 ff., begründet von HIRTH, München.

GRÜNHUT, C. S., Die Gesellschaft m. b. H. nach österreichischem Recht. Wien 1906.

HELLMANN, Lehrbuch des deutschen Konkursrechts. Berlin 1907.

JAEGER, Kommentar zur Konkursordnung und den Einführungsgesetzen. 3./4. Aufl. Berlin 1911—1912.

JAEGER, Der Konkurs der offenen Handelsgesellschaft. Freiburg 1897.

KOHLER, Lehrbuch des Konkursrechts. Stuttgart 1891.

LEHMANN, Lehrbuch des Handelsrechtes. Leipzig 1908.

LEHMANN-RING, Das Handelsgesetzbuch für das Deutsche Reich. 1. Bd. Berlin 1902.

LEIST, Die Sanierung der Aktiengesellschaften. Berlin 1905.

LIEBMANN, Kommentar zum Gesetz betr. die Gesellschaften m. b. H. 5. Aufl. Berlin 1906.

Materialien der Konkursordnung, Bd. IV aus „Die gesamten Materialien zu den Reichsjustizgesetzen“, gesammelt von HAHN-MUGDAN. Berlin, Neudruck 1898.

MERZBACHER, Kommentar zum Gesetze betr. die Gesellschaften m. b. H. 4. Aufl. München 1910.

NEUKAMP, Kommentar zum Gesetze betr. die Gesellschaften m. b. H. 3. und 4. Aufl. Berlin 1907.

PARISIUS-CRÜGER, Kommentar zum Gesetze betr. die Gesellschaften m. b. H. 5. Aufl. Berlin 1911.

PETERSEN-KLEINFELLER, Kommentar zur Konkursordnung. 4. Aufl. Frankfurt 1901.
PINNER, Das deutsche Aktienrecht. Berlin 1899.
REHM, Die Bilanzen der Aktiengesellschaften, Gesellschaften m. b. H. usw. München 1903.
RITTER, Das Handelsgesetzbuch mit Ausschluß des Seerechts. Berlin 1910.
ROSENTHAL, Kommentar zum Gesetz betr. die Gesellschaften m. b. H. 2. Aufl. Leipzig 1911.
v. SARVEY-BOSSERT, Kommentar zur Konkursordnung. 4. Aufl. Berlin 1901.
SEUFFERT, Konkursprozeßrecht. Leipzig 1899.
SIMON, Die Bilanzen der Aktiengesellschaften und der Kommanditgesellschaften auf Aktien. 3. Aufl. Berlin 1899.
STAUBS Kommentar zum Handelsgesetzbuch. 9. Aufl. 1. Bd. Berlin 1912.
STAUB, Kommentar zum Gesetz betr. die Gesellschaften mit beschränkter Haftung. 3. Aufl. von HACHENBURG. Berlin 1909.
WIESNER, Der Konkurs der Gesellschaft mit beschränkter Haftung. Doktor-Diss. Würzburg 1906. Abgedruckt im Archiv für bürgerliches Recht, herausgegeben von KOHLER, RING, OERTMANN, 1906, S. 298ff. — Besprochen von NEUKAMP in der Zeitschrift für das gesamte Handelsrecht, begründet von L. GOLDSCHMIDT, Bd. 59 S. 173ff.
WOLFF, Kommentar zur Konkursordnung. Berlin 1900.

Annalen des Oberlandesgerichts Dresden. Leipzig.
Deutsche Juristen-Zeitung, begründet von LABAND, STENGLEIN, STAUB. Berlin (DJZ.)
Entscheidungen des Reichsgerichts in Strafsachen. Verlag von VEIT & COMP. (RGSt.)
Entscheidungen des Reichsgerichts in Zivilsachen. Verlag von VEIT & COMP. (RGZ.)
Entscheidungen des Reichsoberhandelsgerichtes. (ROH.)
Jahrbuch der Entscheidungen des Kammergerichts in Sachen der freiwilligen Gerichtsbarkeit usw., begründet von JOHOW und KÜNTZEL, herausgegeben von JOHOW und RING.
Juristische Wochenschrift, Organ des deutschen Anwaltsvereins. Berlin, jetzt herausgegeben von H. NEUMANN. (Jur. Woch.)
Leipziger Zeitschrift für Handels-, Konkurs- und Versicherungsrecht. Herausgegeben von DÜRINGER-JAEGER-KÖNIGE. (LZ.)
Das Recht. Rundschau für den deutschen Juristenstand. Herausgegeben von Dr. SOERGEL, Hannover.
Die Rechtsprechung der Oberlandesgerichte. Herausgegeben von MUGDAN und FALKMANN.
J. A. SEUFFERTS Archiv, Entscheidungen der obersten Gerichte in den deutschen Staaten.
Zeitschrift für Aktiengesellschaften usw. Herausgegeben von JOSEF BAUER. Leipzig.

Einleitung.[1]

Die Gesellschaft mit beschränkter Haftung ist unter den Formen der deutschen Handelsgesellschaften die einzige, die nicht der kaufmännische Verkehr herausgebildet hat. Sie ist eine Schöpfung der Juristen, die erst mit dem Reichsgesetz, betreffend die Gesellschaften mit beschränkter Haftung, vom 20. April 1892 ins Leben getreten ist. Trotz ihres erst 20jährigen Bestehens hat die G. m. b. H. die Aktiengesellschaft der Zahl nach, wenn auch nicht dem Kapital nach, überholt. Ihrer außerordentlichen Anpassungsfähigkeit an die Bedürfnisse des Wirtschaftslebens hat sie es zu verdanken, daß sie eine ganz hervorragende Entwicklung erlebt hat. Am Ende des Jahres 1911, also nach beinahe 20jährigem Bestehen der G. m. b. H., gab es im Deutschen Reiche 25662 Gesellschaften mit beschränkter Haftung mit 4670,95 Millionen Stammkapital. Das ist wohl der beste Beweis dafür, daß der Gesetzgeber den Bedürfnissen des Wirtschaftslebens in hinreichender Weise Genüge getan hat. Dieser glänzende Erfolg hat auch eine Reihe der gegen die neue Gesellschaftsform geäußerten Bedenken zu zerstreuen vermocht. Doch darf nicht verkannt werden, daß der G. m. b. H. Mängel eigen sind, die eine wirtschaftliche Gefahr bedeuten. Es sei hier nur die Möglichkeit der willkürlichen Bewertung von Sacheinlagen bei der Gründung erwähnt (vgl. DALBERG in D. J. Z. 1912 S. 611ff.). Deshalb hat auch das dem deutschen nachgebildete österreichische G. m. b. H.-Gesetz vom Jahre 1906, welches bereits die mit dem deutschen Gesetze bis dahin gemachten Erfahrungen verwertet hat, weitergehende und umfassendere Vorschriften zum Schutze der Gläubiger der Gesellschaft und ihrer Mitglieder aufgestellt als das deutsche Recht (vgl. HACHENBURG in D. J. Z. 1912 S. 1070ff.).

Die Mängel des Gesetzes, das Gläubiger und Gesellschafter nicht immer genügend zu schützen vermag, machen sich beson-

[1] „GG.“ ist im folgenden als Abkürzung für „Gesetz, betr. die Gesellschaften mit beschränkter Haftung“ benützt.

ders dann bemerkbar, wenn unter dem Schutze des Gesetzes unsolid gegründete Gesellschaften in Konkurs geraten. Von den am 31. Dezember 1911 bestehenden 25662 Gesellschaften m. b. H. waren 654 mit 83,762 Millionen Stammkapital in Konkurs (vgl. Vierteljahrshefte z. Reichsstatistik 1912 Heft 1 S. 97).[1] Wenn auch der Prozentsatz der in Konkurs befindlichen Gesellschaften danach nicht übermäßig groß erscheint, so ist doch der große wirtschaftliche Schaden, den solche umfangreiche Konkurse mit sich bringen, offensichtlich. Und das Ergebnis der Konkurse ist regelmäßig kein besonders gutes. Trotz alledem lassen sich gewichtige Stimmen aus dem Verkehrsleben heraus vernehmen, die jeglicher Reform der G. m. b. H. widersprechen (vgl. Mitteilungen der Berliner Handelskammer 1912 Nr. 3). Andrerseits zeigt die im Jahre 1912 dem 31. deutschen Juristentage in Wien vorgelegte Frage, ob es sich empfehle, daß im Deutschen Reiche und Österreich geltende Recht der G. m. b. H. zu vereinheitlichen, und welche Sonderbestimmungen des österreichischen G. m. b. H.-Gesetzes sich vorzugsweise zur Aufnahme in das einheitliche Recht eignen würden, das rege Interesse der Juristenwelt daran, durch die Beseitigung der Mängel im Rechte der G. m. b. H. diese Gesellschaftsform den Bedürfnissen des Wirtschaftslebens noch besser anzupassen. Bei einer Revision des deutschen Rechtes muß auch versucht werden, durch Erhöhung des Schutzes der Gläubiger der Gesellschaft und ihrer Mitglieder eine größere Gewähr für die Vermeidung von Gesellschaftskonkursen zu bieten.

Bei der folgenden Darstellung des Konkurses der G. m. b. H. ist oft auf den Konkurs der Aktiengesellschaft zurückzugreifen. Beide Konkurse haben, da die G. m. b. H. sich als eine Abart der Aktiengesellschaft darstellt, viele Ähnlichkeiten.

Für die Darstellung selbst ist die schon seinerzeit von Wiesner bei der Behandlung desselben Gegenstandes zugrunde gelegte Disposition, die sich eng an Jaegers Kommentar zur Konkursordnung, §§ 207, 208, anschließt, beibehalten worden.

---

[1] Ob die Abweisungen des Eröffnungsantrages mangels Masse eingerechnet sind, ist nicht ersichtlich; dies waren 1911 171 (Vierteljahrshefte 1912, Heft 3, S. 10).

Erster Abschnitt.

Die Konkursvoraussetzungen.

§ 1.

Die Konkursmöglichkeit.[1]

Über die Möglichkeit eines Konkurses der G. m. b. H. enthält das Gesetz keine ausdrückliche Bestimmung. In den vereinzelten Bestimmungen der §§ 60ff. GG. über den Konkurs der G. m. b. H. wird die Möglichkeit eines Konkurses der Gesellschaft schlechthin vorausgesetzt. Die Frage, woraus die Möglichkeit eines Konkurses der G. m. b. H. herzuleiten ist, läßt sich nur an der Hand der allgemeinen Grundsätze des Konkursrechtes beantworten.

I. Die Möglichkeit eines Konkurses der G. m. b. H. beruht auf ihrer Konkursfähigkeit. — Konkursfähigkeit ist die Fähigkeit, Träger der Gemeinschuldnerrolle zu sein. Nach § 72 KO. finden die Vorschriften der ZPO., soweit nicht aus den Bestimmungen der KO. sich Abweichungen ergeben, auf das Konkursverfahren entsprechende Anwendung. Da hiernach das Konkursverfahren nur eine besondere Prozeßart[2] ist, muß die Fähigkeit, Passivbeteiligter im Konkurse zu sein, grundsätzlich der passiven Parteifähigkeit des Zivilprozesses entsprechen, wenn auch passive Parteifähigkeit und Konkursfähigkeit nicht ganz dasselbe ist. Die G. m. b. H. ist aktiv und passiv parteifähig im Zivilprozeß; denn sie kann vor Gericht klagen und verklagt werden (§ 13 Abs. 1 GG.). Sie ist also auch konkursfähig.

Ob man der G. m. b. H. den Charakter der juristischen Person zuspricht, ist für die Frage nach ihrer Konkursfähigkeit unwesentlich; denn diese ergibt sich ja schon aus ihrer Parteifähigkeit. Rechnet man aber die G. m. b. H., wie wir es mit der herrschenden Lehre[3] tun, zu den juristischen Personen, so be-

[1] Für den Konkurs der Aktiengesellschaft vgl. Jaeger, §§ 207, 208 Anm. 1 und 2; Goldstein, § 1; Bett, §§ 2—4.

[2] Vgl. Jaeger, § 72 Anm. 1.

[3] Vgl. Staub-Hachenburg, § 13 Anm. 1—3.

steht über ihre Konkursfähigkeit erst recht kein Zweifel; denn als juristische Person ist die G. m. b. H. rechtsfähig und deshalb parteifähig (§ 50 Abs. 1 ZPO.).

Hiernach leitet sich die Möglichkeit eines Konkurses der G. m. b. H. aus ihrer Konkursfähigkeit ab.

II. Der Konkurs der G. m. b. H. ist kein sog. Sonderkonkurs. — Beim Sonderkonkurs findet ein selbständiges Konkursverfahren über eine Sondermasse des Schuldnervermögens zugunsten einer besonderen Gläubigerklasse statt. Solche Sonderkonkurse sind die über das Vermögen der offenen Handelsgesellschaft, der Kommanditgesellschaft und der Kommanditgesellschaft auf Aktien (§§ 209ff. KO.), über den Nachlaß (§§ 214ff. KO.) und über das Gesamtgut der fortgesetzten Gütergemeinschaft (§ 236 KO.). Auch der Konkurs der G. m. b. H. scheint in manchen Fällen ein Sonderkonkurs zu sein. Dies sind die Fälle, in denen das gesamte Vermögen der Gesellschaft als Sondervermögen eines anderen Rechtssubjekts erscheint. Ein solcher nicht allzu seltener Fall liegt z. B. dann vor, wenn die G. m. b. H. nur noch einen einzigen Gesellschafter hat, der alle Geschäftsanteile der Gesellschaft in seiner Hand vereinigt.[1] Dieser Gesellschafter kann sowohl eine natürliche als eine juristische Person sein. Die Vereinigung aller Geschäftsanteile in einer Hand kann durch Vererbung oder Veräußerung der Anteile an denselben Gesellschafter erfolgen, ohne daß die Selbständigkeit der Anteile verloren geht (§ 15 Abs. 1 und 2 GG.). Häufig wird die G. m. b. H. sogar in der Absicht gegründet werden, daß später eine einzige Person alle Geschäftsanteile an sich abtreten läßt, um für eine gewisse Art ihrer Geschäfte auf diese Weise ihre Haftung auf einen bestimmten Teil ihres Vermögens zu beschränken. Vgl. § 13 Abs. 2 GG. Wenn nun eine G. m. b. H., die nur einen einzigen Gesellschafter hat, in Konkurs gerät, so scheint insofern ein Sonderkonkurs vorzuliegen, als das Gesamtvermögen der Gesellschaft tatsächlich nur ein Teil des Vermögens ihres einzigen Gesellschafters ist, so daß tatsächlich eine bestimmte Klasse persön-

---

[1] Abweichend Neukamp, S. 271ff., der in diesem Falle Auflösung der Gesellschaft annimmt.

licher Gläubiger des Gesellschafters zum Zugriff auf die Sondermasse des Gesellschaftsvermögens vor seinen anderen Gläubigern berechtigt zu sein scheint. Rechtlich ist aber eine solche Auffassung unmöglich. Das Gesellschaftsvermögen ist keine Sondermasse des Gesellschaftervermögens. Vielmehr stehen das Vermögen der juristischen Person und das der natürlichen Person gleichwertig nebeneinander.[1] Die Gesellschaftsgläubiger sind nicht Gesellschaftergläubiger (§ 13 Abs. 2 GG.) und umgekehrt. Der Gesellschafter ist nicht Eigentümer des Gesellschaftsvermögens, sondern nur Eigentümer der Geschäftsanteile. Abgesehen von diesen Erwägungen bietet sich auch im Gesetz keine Stütze für die Annahme eines Sonderkonkurses. Von einem Sonderkonkurs kann also keine Rede sein.

III. Die Konkursfähigkeit der G. m. b. H. beginnt mit ihrer Rechtsfähigkeit. — Da konkursfähig ist, wer passiv parteifähig ist, fällt der Beginn der Konkursfähigkeit mit dem Beginn der passiven Parteifähigkeit zusammen. „Vor der Eintragung in das Handelsregister des Sitzes der Gesellschaft besteht die G. m. b. H. als solche nicht" (§ 11 Abs. 1 GG.). Erst mit der Eintragung fängt sie demnach an zu bestehen, wird parteifähig und rechtsfähig (§ 13 Abs. 1 GG.). Von der Eintragung an ist sie ohne Zweifel konkursfähig. Die Eintragung in das Handelsregister hat konstitutive Wirkung.

Ist die G. m. b. H. aber schon in der Zeit zwischen dem Abschluß des Gesellschaftsvertrags und der Eintragung in das Handelsregister[2] konkursfähig? Was ist sie in dieser Zeit überhaupt? Es können hier nur die offene Handelsgesellschaft, der nicht rechtsfähige Verein und die Gesellschaft des bürgerlichen Rechts in Betracht kommen. Die offene Handelsgesellschaft und der nicht rechtsfähige Verein sind passiv parteifähig und konkursfähig (§ 214 HGB. mit § 209 KO. und § 50 Abs. 2 ZPO. mit § 213 KO.). Eine offene Handelsgesellschaft anzunehmen, verbietet sich deswegen, weil der Zweck der noch nicht eingetragenen Gesellschaft gar nicht auf den Betrieb eines Handelsgewerbes,

[1] Vgl. auch RGSt. Bd. 42 S. 283.

[2] Staub-Hachenburg, § 11 Anm. 1 und 2.

gerichtet ist (§ 105 HGB.), sondern darauf, ins Handelsregister eingetragen und dadurch G. m. b. H. zu werden. Außerdem ist die G. m. b. H. nicht einmal nach der Eintragung eine Handelsgesellschaft, sondern „gilt" nur als solche (§ 13 Abs. 3 GG.). Vor allem aber kann eine offene Handelsgesellschaft deshalb nicht angenommen werden, weil bei der offenen Handelsgesellschaft die Haftung gegenüber den Gesellschaftsgläubigern bei keinem der Gesellschafter beschränkt sein darf (§§ 105 Abs. 1 und 123 Abs. 2 und 3 HGB.), während bei der G. m. b. H. die Haftung der Gesellschafter für die Gesellschaftsschulden schon in der hier in Frage kommenden Zeit beschränkt ist (vgl. auch § 11 Abs. 2 GG.). Auch die Annahme eines nicht rechtsfähigen Vereins[1] ist ausgeschlossen, da dieser Zustand der Gesellschaft nicht auf die Dauer bestehen bleiben soll.[2] Wohl aber ist die noch nicht ins Handelsregister eingetragene G. m. b. H. eine Gesellschaft nach bürgerlichem Recht.[3] Eine solche liegt dann vor, wenn die Gesellschafter sich durch den Gesellschaftsvertrag gegenseitig verpflichten, die Erreichung eines gemeinsamen Zweckes in der durch den Vertrag bestimmten Weise zu fördern, insbesondere die vereinbarten Beiträge zu leisten (§ 705 BGB.). Das trifft auf die G. m. b. H. vor ihrer Eintragung wörtlich zu: denn in dem gerichtlich oder notariell abgeschlossenen Gesellschaftsvertrage (§ 2 GG.) haben sich die Gesellschafter gegenseitig verpflichtet, die Erreichung des gemeinsamen Zweckes, mittels gemeinsamen Zusammenwirkens eine G. m. b. H. zu errichten,[4] in der durch den Vertrag bestimmten Weise zu fördern;[5] insbesondere haben sie sich verpflichtet, die vereinbarten Beiträge zu zahlen, und zwar mindestens ein Vierteil, wenigstens aber den Betrag von zweihundertfünfzig Mark der Stammeinlage noch vor der Eintragung der Gesellschaft in das Handelsregister (§ 7 Abs. 2 GG.). Die

---

[1] Staub-Hachenburg, § 11 Anm. 5 und 6.

[2] Vgl. jedoch hierzu Ritter, § 182 Anm. 2c, nach dem die Rechtswirkung der Errichtung einer Aktiengesellschaft die Entstehung eines nicht rechtsfähigen Vereins ist, der durch Anmeldung und Eintragung der Rechtsfähigkeit zugeführt werden soll. Vgl. auch Jaeger, §§ 207, 208 I 1.

[3] Staub-Hachenburg, § 11 Anm. 2; Esser, S. 37.

[4] Neukamp, S. 35ff.

[5] Vgl. auch RGZ. Bd. 58 S. 55

Gesellschaft des bürgerlichen Rechts ist nicht konkursfähig;[1] denn sie kann als solche nicht verklagt (arg. e. c. § 50 Abs. 2 ZPO.) und auch nicht ausgepfändet werden (vgl. § 736 gegen § 735 ZPO. und gegen § 124 Abs. 2 HGB.). Die G. m. b. H. ist also vor der Eintragung in das Handelsregister noch nicht konkursfähig. Ihre Konkursfähigkeit beginnt erst mit der Eintragung, also mit ihrer Rechtsfähigkeit.

IV. Die Konkursfähigkeit der G. m. b. H. endet mit ihrer Rechtsfähigkeit. — Wie die Konkursfähigkeit der G. m. b. H. mit ihrer passiven Parteifähigkeit beginnt, so endigt sie auch mit dieser. Der Verlust der passiven Parteifähigkeit fällt bei der G. m. b. H. mit dem Verluste der Rechtsfähigkeit zusammen. Die Konkursfähigkeit der G. m. b. H. endet also mit ihrer Rechtsfähigkeit.

Die Konkursfähigkeit der G. m. b. H. endigt

1. im Falle der Liquidation mit deren Beendigung. — Bei den juristischen Personen und konkursfähigen Verbänden besteht die Konkursmöglichkeit so lange, als die Verteilung des Vermögens noch nicht vollzogen ist[2] (§§ 207 Abs. 2, 209 Abs. 2, 213 KO.). So hat auch die nach § 60 GG. eintretende Auflösung der G. m. b. H. nicht schlechthin das Ende ihrer Rechtsfähigkeit und Konkursfähigkeit zur Folge. Die Gesellschaft besteht vielmehr zum Zwecke der Liquidation fort. Sie hört nur auf, ihre bisherigen Tätigkeitszwecke zu verfolgen, gleichgültig, ob diese ideale oder Erwerbszwecke sind.[3] Mit der Auflösung tritt also zunächst nur eine Verwandlung der Gesellschaft in einen Abwicklungsverband ein. In den genannten Fällen der Auflösung erfolgt die Liquidation der Gesellschaft (§§ 66ff. GG.), und bis zu der Beendigung der Liquidation kommen ungeachtet der Auflösung der Gesellschaft in bezug auf die Rechtsverhältnisse derselben und der Gesellschafter die Vorschriften des zweiten und dritten Ab-

---

[1] Bestritten; vgl. Jaeger, § 25 Anm. 8.

[2] Jaeger in Borchardt, Handelsgesetze des Erdballs, Deutsches Reich S. 571.

[3] Staub-Pinner, § 292 Anm. 1; Staub-Hachenburg, § 1 Anm. 4, § 60 Anm. 1.

schnittes des GG., insbesondere § 13 noch zur Anwendung[1] (§ 69 Abs. 1 GG.). Das Ende der Liquidation findet mit der restlosen Verteilung des Gesellschaftsvermögens statt (§ 72f. GG.). Wann diese vollzogen ist, ist quaestio facti.[2] Bis zur Beendigung der Liquidation ist die G. m. b. H. demnach noch rechts- und konkursfähig. Dies wird auch durch § 63 Abs. 2 GG. mit § 207 Abs. 2 KO. ausdrücklich ausgesprochen: nach Auflösung einer G. m. b. H. ist die Eröffnung des Konkursverfahrens so lange zulässig, als die Verteilung des Vermögens nicht vollzogen ist. Die Löschung der Firma im Handelsregister[3] hat im Gegensatz zur konstitutiven Wirkung der Gründungseintragung nur deklarative Wirkung. Sie ist auf die Konkursfähigkeit der Gesellschaft ohne Einfluß.

2. im Falle der Nachtragsliquidation mit deren Beendigung. — Nun kann es vorkommen, daß sich nach Abschluß der Vermögensverteilung noch unverteilte Aktiva[4] des Gesellschaftsvermögens herausstellen, oder daß nach einer vollständigen Verteilung der Aktiva noch Passiva vorhanden sind. Schließlich ist auch noch möglich, daß sich nach der Vermögensverteilung sowohl noch Aktiva als auch Passiva vorfinden. In allen drei Fällen kann von einer Beendigung der Liquidation keine Rede sein; diese ist vielmehr nur scheinbar beendet und unvollständig erfolgt. Die Gesellschaft ist noch in Liquidation. In jedem Falle ist also die G. m. b. H. noch rechts- und konkursfähig. Beim Vorhandensein von Passiva kann das Konkursverfahren über das Gesellschaftsvermögen eröffnet werden.

a) Für den Fall nun, daß nach der Vermögensverteilung noch weitere der Verteilung unterliegende Aktiva ermittelt werden, besteht für die Aktiengesellschaft nach § 302 Abs. 4 HGB. die Vorschrift, daß das Gericht des Sitzes der Gesellschaft auf Antrag eines Beteiligten die bisherigen Liquidatoren erneut zu be-

---

[1] Staub-Hachenburg, § 60 Anm. 1; Parisius-Crüger, § 60 Anm. 1; Förtsch, S. 157, Liebmann, S. 179.

[2] Goldstein, § 1 Z. 5.

[3] Staub-Hachenburg, § 74 Anm. 14.

[4] Staub-Hachenburg, § 74 Anm. 18 und § 77 Anm. 10; Förtsch, S. 182; Liebmann S. 191.

stellen oder andere Liquidatoren zu berufen hat. Dies ist die sog. Nachtragsliquidation. Diese Vorschrift ist für die Nachtragsliquidation der G. m. b. H. analog[1] anwendbar. Auch hieraus ergibt sich, daß die Gesellschaft trotz der verfrühten Annahme ihrer Beendigung noch konkursfähig ist.

b) Nach § 70 GG. ist die Liquidation der Gesellschaft auch dann noch nicht beendet, wenn nach der Vermögensverteilung noch unerfüllte Verpflichtungen der aufgelösten Gesellschaft vorhanden sind. Für die deshalb noch mögliche Konkurseröffnung scheint freilich, wenn alle Aktiven verteilt sind, zunächst das Wesentlichste, die Masse, zu fehlen, so daß die Abweisung des Eröffnungsantrages (§ 107 Abs. 1 KO.) zu befürchten ist. In den meisten Fällen wird aber eine Masse da sein, die aus den der Gesellschaft zustehenden Ersatzansprüchen[2] besteht. Solche Ersatzansprüche der Gesellschaft sind: der Anspruch gegen die solidarisch haftenden Liquidatoren auf Ersatz der verteilten Beträge (§ 73 Abs. 3 GG.), der Anspruch gegen die Gesellschafter auf Erstattung der entgegen den Vorschriften zur Erhaltung des Stammkapitals ihnen ausgezahlten Beträge[3] (§ 31 GG.), bei Vorhandensein eines Aufsichtsrates der Schadensersatzanspruch gegen die Aufsichtsratsmitglieder, die im vorliegenden Falle ihre Überwachungspflicht verletzt haben (§ 52 GG. mit §§ 246, 249 Abs. 2 HGB.). Im Konkurse steht die Geltendmachung aller dieser Ansprüche dem Konkursverwalter zu. Daß der Konkursverwalter das Anfechtungsrecht gegen die im Liquidationsverfahren befriedigten Gesellschaftsgläubiger geltend machen kann, ist zweifellos (§§ 29 ff. KO.) Es hat dann Rückgewähr zur Konkursmasse zu erfolgen[4] (§ 37 KO.). Auch wenn die Beschaffung einer Teilungsmasse nur durch Anfechtungen möglich ist, kann noch nach Vollendung der Verteilung der Konkurs eröffnet werden.

c) Wenn die Auflösung der G. m. b. H. durch die Eröffnung des Konkursverfahrens erfolgt ist, endigt die Ge-

---

[1] Wiesner, S. 302.

[2] Wiesner, S. 302—303.

[3] Staub-Hachenburg, § 73 Anm. 11—15; Neukamp, S. 334—335; Liebmann, S. 190; Förtsch, S. 180.

[4] Goldstein, S. 7; Bett, S. 11 Anm. 4.

sellschaft in der Regel mit dem Ende des Konkurses; schließt sich an den Konkurs noch die Liquidation an, so erfolgt die Beendigung der Gesellschaft erst mit der der Liquidation. Sollten sich nun, wenn die Gesellschaft ihr Ende mit der Konkursbeendigung gefunden hat, noch Aktiva herausstellen, so werden diese durch die Nachtragsverteilung an die Konkursgläubiger verteilt (§ 166 KO.). Wird durch diese Nachtragsverteilung die völlige Befriedigung der Konkursgläubiger herbeigeführt, und sind dann noch Aktiva vorhanden, so ist die Nachtragsliquidation unter analoger Anwendung des § 302 Abs. 4 HGB. in die Wege zu leiten.[1] Bis zum Ende dieser Nachtragsliquidation bleibt die G. m. b. H. konkursfähig. Es kann nochmals Konkurs über ihr Vermögen eröffnet werden, wenn sich neue Passiva herausstellen.

3. im Falle einer Fusion mit der Liquidation. — Für die Fusion, d. i. die Übertragung des Vermögens einer G. m. b. H. im ganzen an eine andere G. m. b. H. oder an eine Aktiengesellschaft gegen Gewährung eines Geschäftsanteiles bzw. von Aktien der übernehmenden Gesellschaft, bestehen keine besonderen Vorschriften.[2] Es bedarf zur Auflösung der G. m. b. H. auch in einem solchen Falle des Liquidationsverfahrens. Bis zu dessen Ende[3] bleibt die Gesellschaft konkursfähig.

Die Umwandlung einer Aktiengesellschaft in eine G. m. b. H.[4] kann mit oder ohne Liquidation erfolgen. Im Falle der Liquidation bleibt die Aktiengesellschaft bis zur Beendigung der Liquidation konkursfähig (§ 207 Abs. 2 KO.), während die neue G. m. b. H. erst mit der Eintragung ins Handelsregister konkursfähig wird. Erfolgt die Umwandlung ohne Liquidation (§ 80f. GG.), so wird die Aktiengesellschaft zwar aufgelöst, besteht aber, ohne daß Liquidation erfolgt, zum Zwecke der Umwandlung in eine G. m. b. H. fort.[5] Dieser Zustand dauert höchstens einen Monat

---

[1] Staub-Hachenburg, § 74 Anm. 21; Bett, S. 10.

[2] Staub-Hachenburg, § 60 Anm. 31 und 32, § 70 Anm. 6—8, § 80 Anm. 46; für die Aktiengesellschaft vgl. Jaeger, §§ 207, 208 Anm. 2 und Goldstein, § 1 Z. 6.

[3] Wiesner, S. 304.

[4] Für Portugal vgl. a. 352ff. in Borchardt, Handelsgesetze des Erdballs, Bd. VII, Portugal.

[5] Liebmann, S. 206; Staub-Hachenburg, § 80 Anm. 10.

seit der Auflösung (§ 80 Abs. 5 GG.). Erfolgt nicht spätestens binnen einem Monate nach der Auflösung der Aktiengesellschaft die Eintragung der G. m. b. H. in das Handelsregister, so tritt die Aktiengesellschaft nunmehr in Liquidation,[1] falls nicht ihre Fortsetzung nach § 307 Abs. 1 HGB. beschlossen wird. Hieraus ergibt sich, daß bis zur Eintragung der G. m. b. H. die Aktiengesellschaft als solche konkursfähig ist. Die G. m. b. H. ist es erst von ihrer Eintragung an.

V. Auch die nichtige G. m. b. H. ist konkursfähig. — Für die nichtige G. m. b. H. gilt folgendes:[2] Es macht keinen Unterschied, ob die Nichtigkeit (§ 75 GG.) der Gesellschaft in das Handelsregister eingetragen ist oder nicht. Ist die Nichtigkeit[3] auf Grund eines Nichtigkeitsurteils oder von Amts wegen in das Handelsregister eingetragen (§ 75 GG. mit § 273 HGB., § 144 FGG.), so finden zum Zwecke der Abwicklung ihrer Verhältnisse die für den Fall der Auflösung geltenden Vorschriften entsprechende Anwendung (§ 77 Abs. 1 GG.). Hinsichtlich der Konkursfähigkeit gilt dasselbe wie im Falle der Liquidation. Nach der Eintragung der Nichtigkeit ist die G. m. b. H. rechts- und konkursfähig (§ 69 mit § 13 GG.). Dasselbe gilt auch schon vor der Eintragung der Nichtigkeit,[4] sog. latente Nichtigkeit. Wie nämlich aus § 144 FGG. hervorgeht, kann von Amts wegen die Löschung der nichtigen G. m. b. H. in das Handelsregister eingetragen werden, ohne daß das Nichtigkeitsurteil abzuwarten ist.[5] Die Eintragung der Nichtigkeit und das Nichtigkeitsurteil haben also nur deklarative Wirkung. Auch vor der Eintragung ihrer Nichtigkeit ist die G. m. b. H. rechts- und konkursfähig, nach der Eintragung wird sie es nicht erst, sondern bleibt es nur. Es sei hierbei erwähnt, daß auch die schon in Liquidation befindliche G. m. b. H. noch für nichtig erklärt werden kann.

---

[1] Gareis, S. 276; Liebmann S. 206; Neukamp, S. 350.

[2] RG. in Jur. W. 1904 S. 503 Nr. 35; RGZ. Bd. 59 S. 325.

[3] Staub-Hachenburg, § 75 Anm. 15.

[4] Staub-Hachenburg, § 75 Anm. 14, § 77 Anm. 10; Jaeger, §§ 207, 208 Anm. 2; Neukamp, S. 344; Liebmann, S. 198.

[5] Wiesner, S. 304; Förtsch S. 188; Liebmann, S. 195.

VI. Nur die Gesellschaft als solche ist konkursfähig, nicht ihre einzelne Niederlassung. — Hat eine G. m. b. H. mehrere Niederlassungen, so kann über alle Niederlassungen nur ein und derselbe Konkurs eröffnet werden. Denn allein die Gesellschaft besitzt Rechtsfähigkeit, nicht die einzelne Niederlassung. Der Konkurs über das Vermögen der G. m. b. H. umfaßt deshalb alle ihre Niederlassungen, wenn sie solche im Auslande hat,[1] auch diese; denn der Konkurs der Gesellschaft ergreift auch ihr gesamtes im Auslande befindliches Vermögen (arg. e. c. § 238 Abs. 1 KO.). Wenn der Gemeinschuldner im Inlande einen allgemeinen Gerichtsstand hat, gehört zur Sollmasse grundsätzlich sein gesamtes Vermögen, gleichgültig, ob es sich im Inlande oder im Auslande befindet.[2]

Ist im Auslande über das Vermögen einer deutschen G. m. b. H. Konkurs eröffnet worden, so hat er nicht notwendig den Konkurs über das inländische Vermögen zur Folge. Wohl aber können der inländische und der ausländische Konkurs unabhängig voneinander eröffnet werden und nebeneinander herlaufen.[3] Wenn der Auslandskonkurs zuerst eröffnet worden ist, so ist die Eröffnung des inländischen Konkurses dadurch erleichtert, daß der Nachweis der Zahlungsunfähigkeit zur Eröffnung des inländischen Verfahrens nicht erforderlich ist (§ 238 Abs. 3 KO.).

VII. Ausländische Gesellschaften. — Eine deutsche G. m. b. H. mit dem Sitze im Auslande, die nur eine Zweigniederlassung oder nur Vermögen im Inlande hat, ist nicht denkbar. Denn eine G. m. b. H. im Sinne des Gesetzes muß ihren Sitz im Inlande haben (§ 7 Abs. 1 GG.). Ähnliche aus-

---

[1] Die deutsche G. m. b. H. kann in Österreich Zweigniederlassungen errichten und in das österreichische Handelsregister eintragen lassen Österr. G. m. b. H.-Ges. vom 6. März 1906 §§ 107—114; wegen der in §§ 108, 109 geforderten Verbürgung der Gegenseitigkeit vgl. 5. Abs. des Art. 19 des Handels- und Zollvertrags zwischen dem Deutschen Reiche und Österreich-Ungarn vom $\frac{\text{6. Dezember 1891}}{\text{25. Januar 1905}}$ (RGB. 1892 S. 3 und 1906 S. 143; österr. RGB. 1906 Nr. 24). — Vgl. ferner z. B. für Japan: Borchardt, Handelsgesetze des Erdballs, Bd. VI, Japan, Handelsrecht § 255.

[2] Jaeger, § 238 Anm. 1, § 237 Anm. 1.

[3] Jaeger, § 238 Anm. 3.

ländische Gesellschaften sind, selbst wenn sie in ihrem Wesen der G. m. b. H. sehr nahe kommen,[1] rechtlich als ausländische Aktiengesellschaften zu betrachten[2] (vgl. § 201 Abs. 5 HGB.). Eine Ausnahme gilt für die österreichische G. m. b. H.

Die österreichische G. m. b. H. ist als solche im Deutschen Reiche konkursfähig. — Die österreichische G. m. b. H. wurde durch das Gesetz vom 6. März 1906 im Gegensatze zur Aktiengesellschaft nach dem Vorbilde der deutschen G. m. b. H. geschaffen.[3] Sie ist demnach auch in Deutschland als G. m. b. H. anzuerkennen. Ob die österreichische G. m. b. H. in Deutschland rechts- und konkursfähig ist, ist eine Frage des internationalen Privatrechts.[4] Danach hängt die Konkursfähigkeit von Verbänden mit ausländischem Sitze grundsätzlich von ihrer Bewertung als Rechtspersönlichkeit ab.[5] Und es muß immer, wenn im Inlande Konkurs eröffnet werden soll, ein inländisches Gericht als Konkursgericht zuständig sein (§§ 71, 238 KO.). In Österreich ist die österreichische G. m. b. H. nach § 61 des österreichischen Gesetzes rechts- und parteifähig und „ist" Handelsgesellschaft. Sie ist juristische Person.[6] Infolgedessen ist sie auch in Deutschland juristische Person und konkursfähig. Ihre Zweigniederlassung als solche ist in Deutschland eintragungsfähig[7] (§ 13 Abs. 3 HGB.). Da aber die österreichische G. m. b. H. im Deutschen Reiche nur eine gewerbliche Niederlassung, aber keinen allgemeinen Gerichtsstand haben kann, umfaßt das inländische Konkursverfahren nur das im Inlande befindliche Vermögen (§ 238 Abs. 1 KO.). An diesem Konkurs können jedoch inländi-

[1] Vgl. z. B.: Portugal, Gesetz über die Gesellschaften mit beschränkter Haftung vom 11. April 1901, durch Dekret vom 23. April 1906 auf die überseeischen Provinzen ausgedehnt (Borchardt, Handelsgesetze des Erdballs, Bd. VII, Portugal S. 189ff.); Pennsylvanien, Ohio und New Jersey (Borchardt, Bd. I Abt. XII S. 131ff.); Liberia (Borchardt, Bd. VI, Liberia S. 9).

[2] Staub-Hachenburg, § 12 Anm. 27—28.

[3] Staub-Hachenburg, § 12 Anm. 28 und Allg. Einl. Anm. 26.

[4] Staub-Hachenburg, Einl. Anm. 26 a. E.

[5] Jaeger, § 213 Anm. 18.

[6] Grünhut, S. 13.

[7] Staub-Hachenburg, § 12 Anm. 29—32; Neukamp, S. VI und 41; a. M. Liebmann, S. 50.

sche wie ausländische Gesellschaftsgläubiger teilnehmen. Zu erwähnen ist noch, daß es vorkommen kann, daß eine österreichische G. m. b. H. in Deutschland zwar eine Zweigniederlassung hat, aber keine „gewerbliche“, wie sie § 238 Abs. 1 KO. verlangt. Der Fall dürfte an sich ziemlich selten sein, ist aber doch möglich. Denn auch die österreichische G. m. b. H. kann zu jedem gesetzlich zulässigen Zwecke errichtet werden (§ 1 österr. Ges.), z. B. auch zu idealen Zwecken, bei denen „gewerbliche“ Niederlassungen[1] schlechthin ausgeschlossen sind. Deswegen, weil die österreichische G. m. b. H. Handelsgesellschaft „ist“ (§ 61 Abs. 3 österr. Ges.), sind ihre Niederlassungen noch keine „gewerblichen“. Auf eine nicht gewerbliche Niederlassung einer österreichischen G. m. b. H. kann natürlich § 238 Abs. 1 KO. keine Anwendung finden, obschon die Gesellschaft an sich konkursfähig ist. In einem solchen Falle kann über das im Inlande befindliche Vermögen der Gesellschaft im Inlande das Konkursverfahren nur dann eröffnet werden, wenn die Gesellschaft im Inlande ein mit Wohn- und Wirtschaftsgebäuden versehenes Gut als Eigentümerin, Nutznießerin oder Pächterin bewirtschaftet (§ 238 Abs. 2 KO.). Auch hier bedarf es, falls im Auslande schon der Konkurs eröffnet ist, nicht des Nachweises der Zahlungsunfähigkeit zur Eröffnung des inländischen Verfahrens (§ 238 Abs. 3 KO.).

VIII. Die Konkursfähigkeit bei Verlegung des Sitzes der Gesellschaft ins Ausland. — Es ist vorgekommen, daß eine G. m. b. H. ihren Sitz ins Ausland verlegt hat. Eine G. m. b. H. mit dem Sitze im Auslande ist aber unmöglich (§ 7 Abs. 1 GG.). Der Verlegungsbeschluß ist deshalb zugleich ein Auflösungsbeschluß[2] und muß dessen gesetzlichen Erfordernissen (§ 60 Z. 2 GG.) entsprechen. Die Gesellschaft tritt mit dem Verlegungsbeschlusse in Liquidation[3] und bleibt bis zu deren Beendigung konkursfähig.[4]

---

[1] Jaeger, § 71 Anm. 3.

[2] Staub-Hachenburg, § 60 Anm. 23; Liebmann, S. 169; Förtsch, S. 158.

[3] Liebmannn, S. 169, verlangt keine Liquidation.

[4] L. Z. 1908 S. 253 (OLG. Hamburg vom 16. Mai 1907).

Verlegt die G. m. b. H. ihren Sitz nach Österreich, so wird sie dadurch ebenfalls aufgelöst und bleibt bis zur Beendigung der Liquidation konkursfähig.[1]

Die G. m. b. H. wird jedoch durch Verlegung ihres Sitzes ins Ausland dann nicht aufgelöst, wenn sich der neue Sitz an einem Orte befindet, auf welchen sich noch die Wirksamkeit der deutschen Gesetzgebung erstreckt. Die der deutschen Konsular- oder Kolonialgerichtsbarkeit unterworfenen juristischen Personen, also auch die G. m. b. H., unterstehen, insofern es sich um den Konkurs in einem deutschen Konsularbezirke oder in einem deutschen Schutzgebiete handelt, der deutschen Konkursgerichtsbarkeit (§§ 2 und 7 Z. 1, § 19 Z. 1 des R.G. vom 7. April 1900 und § 3 des R.G. vom 25. Juli 1900).

§ 2.

Die Konkursgründe.[2]

I. Konkursgründe sind Zahlungsunfähigeit und Überschuldung. — Unter Konkursgrund versteht man die materielle Voraussetzung des Konkursverfahrens. Im Gegensatze zum Regelkonkurse, der nur die Zahlungsunfähigkeit als materielle Voraussetzung des Konkurses kennt (§ 102 KO.), findet nach § 63 Abs. 1 GG. über das Vermögen der G. m. b. H. das Konkursverfahren außer dem Falle der Zahlungsunfähigkeit auch im Falle der Überschuldung statt. Während im Regelfalle gleichgültig ist, ob Überschuldung überhaupt vorliegt oder nicht, ist die Überschuldung bei der G. m. b. H. also selbständiger Konkursgrund, und zwar selbst dann, wenn die Gesellschaft noch zahlungsfähig ist, d. h. wenn sie noch ihre sofort zu erfüllenden Geldverbindlichkeiten im wesentlichen zu begleichen imstande ist.

Zahlungsunfähigkeit und Überschuldung können sowohl einzeln als auch zusammen vorliegen.

---

[1] A. M. Neukamp, S. 275, der Auflösung und Liquidation für überflüssig hält.

[2] Für die Aktiengesellschaft: Jaeger, §§ 207, 208 Anm. 3; Goldstein, § 2; Bett, §§ 5 und 6.

Die G. m. b. H. ist nicht das einzige Rechtssubjekt, über dessen Vermögen außer dem Falle der Zahlungsunfähigkeit auch im Falle der Überschuldung das Konkursverfahren stattfindet. Vielmehr finden wir die gleiche Besonderheit auch bei der Aktiengesellschaft[1] (§ 207 Abs. 1 KO.), bei der Kommanditgesellschaft auf Aktien (§ 209 Abs. 1 KO.), bei der juristischen Person überhaupt, sowie beim nichtrechtsfähigen Verein (§ 213 KO.) und schließlich, wenn auch eigenartig geregelt, bei der Genossenschaft (§§ 98 Abs. 1 u. 140 Gen.G.). Zwischen den genannten kapitalistischen Gesellschaften und den individualistischen Gesellschaftsformen (offene Handelsgesellschaft und Kommanditgesellschaft) und der natürlichen Person hat der Gesetzgeber hier einen auffallenden Unterschied gemacht. Der Grund dafür ist folgender: Bei der natürlichen Person und den persönlich haftenden Gesellschaftern der Gesellschaften von individualistischer Form bilden der persönliche Kredit und die persönliche Leistungsfähigkeit den Rückhalt der persönlichen bzw. Gesellschaftsgläubiger. Kredit und Leistungsfähigkeit sind ein Teil ihres Vermögens. Deshalb liegt keine Veranlassung vor, bei ihnen schon Überschuldung als Konkursgrund genügen zu lassen, solange sie noch ihre Gläubiger befriedigen. Dies alles trifft aber bei den kapitalistischen Gesellschaften nicht zu, weil bei diesen „die verhafteten Vermögensmassen nicht durch die werbende Kraft einer Persönlichkeit getragen werden".[2] Bei ihnen liegt schon in der Unzulänglichkeit des Vermögens an sich eine bedeutende Gefahr für die Gesellschaftsgläubiger und -mitglieder. Deshalb muß bei den kapitalistischen Gesellschaftsformen schon die Überschuldung als Konkursgrund genügen, selbst wenn von Zahlungsunfähigkeit noch keine Rede sein kann.

Für die G. m. b. H. insbesondere sei nur folgendes kurz hervorgehoben:[3]

Für die Verbindlichkeiten der G. m. b. H. haftet den Gläubigern nur das Gesellschaftsvermögen (§ 13 Abs. 2 GG.). Da die Gesellschaft in den meisten Fällen mit der Beendigung des

---

[1] Motive zur KO. S. 441 f. (Mater. zur KO. S. 389 ff.).

[2] JAEGER, § 102 Anm. 4.

[3] Vgl. WIESNER, S. 307 f.

Konkurses endet, ist die unbeschränkte Geltendmachung der Forderungen der im Konkurs nicht befriedigten Gläubiger nach dem Konkurse gemäß den §§ 164, 194 KO. nur von ganz geringer Bedeutung. Nur wenn das Konkursverfahren nach Abschluß eines Zwangsvergleichs aufgehoben oder auf Antrag der Gemeinschuldnerin eingestellt wird, können die Gesellschafter die Fortsetzung der Gesellschaft beschließen (§ 60 Z. 4 GG.). Lediglich im Falle einer solchen Fortsetzung der Gesellschaft finden die genannten Bestimmungen der Konkursordnung Anwendung.

So groß auch hiernach das Interesse der Gesellschaftsgläubiger daran sein mag, daß im Falle der Überschuldung nicht weiter gewirtschaftet, sondern der Konkurs eröffnet wird, so schwer ist es doch für sie die Überschuldung der Gesellschaft zu erkennen und glaubhaft zu machen; denn eine Veröffentlichung oder Einreichung der Bilanzen zum Handelsregister, wie dies bei der Aktiengesellschaft vorgeschrieben ist, findet bei der G. m. b. H. nur statt, wenn der Gegenstand des Unternehmens im Betriebe von Bankgeschäften besteht (§ 41 Abs. 4 GG.). Die Stellung des Konkurseröffnungsantrags seitens eines Gläubigers wegen Überschuldung der Gesellschaft wird deshalb ziemlich selten sein. Doch sind die Gläubiger durch § 64 in Verbindung mit § 84 GG. genügend geschützt.

Der einzelne Gesellschafter wird regelmäßig im Überschuldungsfalle kein Interesse an der Konkurseröffnung haben; denn einerseits bekommt er normalerweise doch nichts von der Masse und andrerseits trifft ihn auch keine Haftung für die Gesellschaftsschulden. Er ist auch nicht imstande, wie dies bei Gesellschaften von individualistischer Form der Fall ist, die zweckwidrige und unwirtschaftliche Fortsetzung des Unternehmens nach dem Eintritt der Überschuldung, falls er diese überhaupt erkennt, zu verhüten (vgl. § 47 GG.). Doch kann auch der einzelne Gesellschafter an der Eröffnung des Konkursverfahrens interessiert sein. Und zwar kann sein Interesse ein reales sein — so in dem Falle, daß sich doch möglicherweise im Konkurse ein Aktivüberschuß ergeben kann, und auch für den Fall, daß zur Beseitigung der Überschuldung Nachschüsse beschlossen werden —, oder ein ideales, nämlich daran, daß nicht die Gesellschaftsgläubiger durch die Fortsetzung der überschuldeten Gesellschaft, an der er beteiligt ist, Schaden erleiden, der sich vermeiden läßt. Schließlich wird durch die Konkurseröffnung im Überschuldungsfalle zweifellos erschwert, daß das Publikum durch den Verkauf von Geschäftsanteilen der überschuldeten Gesellschaft geschädigt wird, wiewohl diese Gefahr ziemlich fern liegt, weil die Geschäftsanteile nicht an der Börse gehandelt werden können und außerdem nur schwer übertragbar sind (§ 15 GG.).

Demnach haben sowohl die Gesellschafter wie die Gläubiger der G. m. b. H. ein Interesse daran, daß die Überschuldung der Gesellschaft ein Konkursgrund ist.

II. Die Zahlungsunfähigkeit. — Die Zahlungsunfähigkeit, der regelmäßige Konkursgrund, ist das auf voraussichtlich andauerndem Mangel an Zahlungsmitteln beruhende Unvermögen des Schuldners, seine sofort zu erfüllenden Geldverbindlichkeiten im wesentlichen zu berichtigen.[1] Zahlungsunfähigkeit liegt bei der G. m. b. H. insbesondere auch dann vor, wenn fällige aus ihrer Mitgliedschaft entspringende Ansprüche der Gesellschafter,[2] falls ihre Erfüllung nicht eine unzulässige[3] Verminderung des zur Erhaltung des Stammkapitals erforderlichen Gesellschaftsvermögens sein würde (§ 30 Abs. 1 GG.), aus voraussichtlich dauerndem Mangel an flüssigem Gelde nicht erfüllt werden können, so z. B. auf Grund einer richtigen Bilanz ordnungsmäßig[4] beschlossene Dividendenansprüche.[5] Selbst wenn der Reingewinn bilanzmäßig noch vorhanden ist, die Mittel der Gesellschaft aber in solcher Weise festgelegt sind, daß sie nicht zur Dividendenzahlung verwendet werden können, und wenn es auch nicht gelingt, ein Darlehen hierzu aufzunehmen, liegt Zahlungsunfähigkeit vor.

---

[1] Staub-Hachenburg, § 63 Anm. 3; Liebmann, S. 172f.; Parisius-Crüger, § 63 Anm. 2; Neukamp, S. 285; Förtsch, S. 163; Bett, S. 20; Jaeger, § 102 Anm. 2.

[2] Staub-Hachenburg, § 63 Anm. 3.

[3] Staub-Hachenburg, § 29 Anm. 8. — Eine nach § 30 Abs. 1 GG. unzulässige Verminderung des Gesellschaftsvermögens liegt jedoch niemals in der Erfüllung aus der Mitgliedschaft entsprungener Ansprüche, die zu Gläubigerrechten geworden sind; vgl. u. § 3 I 1.

[4] Staub-Hachenburg, § 29 Anm. 2ff.

[5] A. M. Neukamp, S. 291.

Ein Beschluß der Gesellschafter, durch den zu einer Zeit, wo flüssige Mittel hierzu fehlen und auch durch Kredit nicht zu erlangen sind, die Gewinnverteilung beschlossen wird, bringt die Gesellschaft in Konkurs. Diesen können die Gesellschafter nur durch Verzicht auf die derzeitige Zahlung der Dividende im einzelnen abwenden.

Die Zahlungsunfähigkeit muß sich durch irgend eine Tatsache äußerlich bemerkbar gemacht haben.[1] Nach § 102 Abs. 2 KO. ist Zahlungsunfähigkeit insbesondere anzunehmen, wenn Zahlungseinstellung erfolgt ist, d. i.[2] die den Zustand der Zahlungsunfähigkeit offenbarende, ausdrückliche oder auf schlüssigem Verhalten beruhende Erklärung des Schuldners, daß er seinen sofort zu erfüllenden Verbindlichkeiten im wesentlichen nicht mehr nachkommen werde, verbunden mit der Tatsache, daß er dies in Wirklichkeit auch nicht mehr kann. Die Zahlungseinstellung ist vom Gesetze nicht zu einem selbständigen Konkursgrunde erhoben worden, sondern sie bildet nur die hauptsächlichste Erscheinungsform des Konkursgrundes der Zahlungsunfähigkeit. Befindet sich der Schuldner nur in einer Zahlungsverlegenheit,[3] die das Verkehrsleben als eine vorübergehende ansieht, so daß er erwarten kann, nach Überwindung dieser Krisis seine Gläubiger ordnungsgemäß befriedigen zu können, so liegt keine Zahlungseinstellung, sondern nur eine Zahlungsstockung vor. Von Zahlungsunfähigkeit kann in einem solchen Falle keine Rede sein.

III. Die Überschuldung. — Überschuldung liegt vor,[4] wenn die Passiven des Gesellschaftsvermögens größer als die Aktiven sind, oder, wie § 240 Abs. 2 HGB. es für die Aktiengesellschaft ausdrückt, wenn das Vermögen nicht mehr die Schulden deckt. Passiva sind die fälligen und nicht fälligen Gesellschaftsverbindlichkeiten. Der Verlust eines großen Teiles oder selbst des gesamten Stammkapitals bewirkt noch keine Über-

---

[1] RGSt. Bd. 4 S. 68f.

[2] Jaeger, § 30 Anm. 1.

[3] RGZ. Bd. 50 S. 41.

[4] Jaeger, §§ 207, 208 Anm. 3; Neukamp, S. 286; Förtsch, S. 163; Liebmann, S. 173f.; Parisius-Crüger, § 63 Anm. 3; Staub-Hachenburg, § 63 Anm. 4 und 5; Merzbacher, § 63 Anm. 3; Esser, S. 113.

schuldung. Es brauchen beim Eintritt eines solchen Falles gar keine Schulden vorhanden zu sein.

Die Überschuldung der G. m. b. H. kann sich nur bei der Aufstellung irgend einer Bilanz ergeben; denn eine Vermögensübersicht, die einen Vergleich der Aktiva und Passiva ermöglicht, wird bei einer Handelsgesellschaft im wesentlichen wie bei einem Kaufmann aus der Bilanz gewonnen. Hierbei ist aber zu beachten, daß die Bilanz oft nur eine scheinbare Überschuldung anzeigt, wenn eine Unterbilanz vorliegt. Unterbilanz ist nicht notwendig Überschuldung. Wie die Bilanz einerseits die Überschuldung nicht genau und zuverlässig[1] anzeigt, so ist sie andrerseits nicht das einzige Mittel zur Erkennung der Überschuldung. Der Grund hierfür liegt darin, daß die Aufstellung der Bilanz regelmäßig nicht erfolgt, um Vermögen und Schulden der Gesellschaft festzustellen.[2] Vielmehr wird die Bilanz zur Feststellung der zum Gedeihen der Gesellschaft nötigen Werte aufgestellt; sie dient in der Regel nur zur Berechnung des an die Gesellschafter verteilbaren Reingewinns. Hieraus erklären sich die Vorschriften des Gesetzes für die Aufstellung der Bilanz in § 42, nach denen bestimmte Posten als Passiva in die Bilanz einzustellen sind, obwohl sie in Wirklichkeit keine Schulden der Gesellschaft sind. Diese Bestimmungen sollen eben nur verhindern, daß dem Gesellschaftsvermögen Werte durch die Gewinnverteilung entzogen werden, deren die Gesellschaft zu ihrer gesunden Fortentwicklung bedarf. Zur Feststellung der Überschuldung der G. m. b. H. sind aber nur die wirklichen Aktiva und die wirklichen Passiva miteinander zu vergleichen, und außerdem ist die jeweilige wirtschaftliche Lage der Gesellschaft mit allen begleitenden Umständen zu berücksichtigen.[3]

Es liegt demnach im Begriffe der Überschuldung, daß sie sich „aus“ einer Gesellschaftsbilanz gar nicht ohne weiteres ergeben kann.[4] Die Fassung des § 64 Abs. 1 GG. ist also nicht ganz richtig. Eine dem Begriffe der Überschuldung Rechnung

[1] Staub-Hachenburg, § 64 Anm. 5; Neukamp, S. 289.

[2] Staub-Hachenburg, § 63 Anm. 4.

[3] Vgl. Staub-Hachenburg § 64 Anm. 5.

[4] Rehm, S. 17.

tragende Fassung hat für die Aktiengesellschaft der neue § 240 HGB. erhalten,[1] der davon spricht, daß sich die Überschuldung „bei der Aufstellung" einer Bilanz ergibt, nicht „aus" ihr (altes HGB. § 240 und jetzt nach § 64 GG.).

Aktiva und Passiva bei der Feststellung der Überschuldung.

1. Aktiva.

Zu den für die Überschuldung in Betracht kommenden Aktiva gehören alle Vermögensgegenstände der Gesellschaft, auch diejenigen, die im Falle des Konkurses deshalb nicht zur Konkursmasse gehören würden, weil sie nicht der Zwangsvollstreckung unterliegen und demnach vom Konkursbeschlage nicht ergriffen werden[2] (§ 1 KO.). So gehören auch verkehrsfähige Werte, wie Firmen, Kundschaft, Betriebsgeheimnis, zu den Aktiven.[3] Auch der Anspruch der Gesellschaft auf die Einzahlung rückständiger Stammeinlagen ist ein Aktivum.[4]

Von großer Tragweite für die Feststellung der Überschuldung ist naturgemäß die Bewertung der Aktiva.[5]

Es ist eine aus dem Begriffe der Überschuldung, der ganz ausschließlich auf die Gegenwart abgestellt ist,[6] unabweislich zu ziehende Folgerung, daß die Bewertung aller Aktiva bei der Feststellung der Überschuldung nur nach ihrem gegenwärtigen Werte zu erfolgen hat.[7] Welche Bewertungsart kommt nun hierbei in Frage? Für alle Aktiva ist der wahre gegenwärtige Betriebswert anzusetzen, d. i. der Wert, den ein Vermögensgegenstand für den Gesellschaftsbetrieb im ganzen zur Zeit der Feststellung der Überschuldung hat. Das ist nicht schlechthin der gegenwärtige Veräußerungswert. Soweit es sich aller-

---

[1] Denkschrift zum neuen HGB. S. 141.

[2] Wiesner, S. 310.

[3] Jaeger, a. a. O.

[4] Staub-Hachenburg, § 63 Anm. 5.

[5] Vgl. Bett, S. 22 f. mit Lit.

[6] Jaeger, §§ 207, 208 Anm. 3.

[7] Jaeger, a. a. O.; Staub-Hachenburg, § 63 Anm. 5, anders Staub, 1. Aufl. das.; Goldstein, § 2 unter 5b α.

dings um Vermögensgegenstände handelt, die zur Veräußerung bestimmt sind, wird der Betriebswert regelmäßig der derzeitige Veräußerungswert sein. Und zwar kommt dann lediglich der objektive Veräußerungswert in Betracht, d. i. der Preis, der in Wirklichkeit gerade von dieser Gesellschaft normalerweise erzielt werden würde, nicht der subjektive, d. i. der Preis, den die Gesellschaft möglicherweise erzielen zu können glaubt. Bei Vermögensgegenständen aber, die nicht zur Veräußerung, sondern dauernd zum Betriebe des Unternehmens bestimmt sind, z. B. Geschäfts- und Betriebseinrichtungen (§ 42 Z. 1 GG.) wird der anzusetzende Betriebswert dem Verkaufswerte regelmäßig nicht gleich sein.[1] Demnach scheidet für die Bewertung der Aktiva der Herstellungs- und Anschaffungspreis, der Gebrauchs- und der Veräußerungswert im allgemeinen und der aus bilanztechnischen Gründen oft weit unter dem wirklichen Wert angesetzte Buchwert[2] aus. Dies gilt auch für die Forderungen: zweifelhafte sind nur zu dem wahrscheinlichen Werte zu bewerten, uneinbringliche haben gar keinen Wert. Darauf, daß der Konkurs eine Entwertung der Aktiva mit sich bringt, ist keine Rücksicht zu nehmen; es kommt allein auf den Betriebswert im gewöhnlichen Geschäftsverkehr an.[3]

Die Bewertungsvorschriften des Gesetzes für die Aufstellung der Bilanz finden für die Feststellung der Überschuldung nur insoweit Anwendung, als sie die Bewertung der Aktiva zum gegenwärtigen Betriebswerte vorschreiben. Die anderen abweichenden Bestimmungen, die ja gar nicht auf die Überschuldung gemünzt sind, sondern, wie oben dargelegt ist, für die Gewinnverteilung berechnet sind, greifen nicht Platz. Nach § 42 GG. finden allgemein die Vorschriften des § 40 HGB. Anwendung. Diese stimmen mit den oben aufgestellten Bewertungsregeln für die Feststellung der Überschuldung überein: die Bewertung erfolgt nach dem Werte, der den Aktiven in dem Zeitpunkte beizulegen ist, für welchen die Aufstellung stattfindet.

---

[1] Vgl. Bett, S. 22 mit Simon, S. 468f.; dagegen Staub-Pinner, § 261 Anm. 35.

[2] A. M. Bett, S. 22.

[3] Staub-Hachenburg, § 42 Anm. 23.

Von den die Aktiva betreffenden Sondervorschriften des § 42 GG. findet für die Feststellung der Überschuldung nur Z. 3 Halbsatz 1 Anwendung: das Recht der Gesellschaft zur Einziehung von Nachschüssen der Gesellschafter darf als Aktivum nur insoweit in Ansatz gebracht werden, als die Einziehung bereits beschlossen ist und den Gesellschaftern ein Recht, durch Verweisung auf den Geschäftsanteil sich von der Zahlung der Nachschüsse zu befreien, nicht zusteht. Dagegen ist § 42 Z. 1 GG. nicht anwendbar[1], da beide in ihm enthaltene Vorschriften die Ansetzung eines Wertes gestatten, der vom gegenwärtigen Betriebswert abweicht. Durch Anwendung dieser Vorschriften würde gerade eine sichere Feststellung der Überschuldung verhindert werden. Dies spricht auch die Denkschrift zum neuen HGB. S. 141 für die Aktiengesellschaft aus: Es kann nicht die Absicht sein, die zur Stellung des Antrags auf Konkurseröffnung verpflichteten Personen zur Stellung dieses Antrags zu verpflichten und die Unterlassung des Antrags mit Strafe zu bedrohen, wenn die Bilanz, in die nach dem Gesetze die nicht zur Veräußerung bestimmten Gegenstände nur mit dem ursprünglichen Anschaffungs- oder Herstellungspreise eingestellt werden dürfen, lediglich den äußeren Anschein der Überschuldung hervorruft, während in Wirklichkeit ein solches Ergebnis durch den gesteigerten Wert der betreffenden Vermögensbestandteile vollständig ausgeschlossen ist. Dies gilt auch für die G. m. b. H Wenn Staub, § 64 Anm. 5, den § 42 Z. 1 GG. anwendet, weil sonst „jede verminderte Konjunktur, ein Rückgang der Immobilienwerte usw. die Gesellschaft zum Konkurse zwinge", so ist darauf zu erwidern, daß dies bei Ansetzung des Betriebswertes nicht zutrifft. Mag aber auch die Bewertung der Aktiven so ungünstig ausfallen, daß sie vielleicht weit hinter dem nach Überwindung der augenblicklichen Schwierigkeiten zu erwartenden Werte zurückbleibt, so bietet das Gesetz gerade darin, daß es die auf diese Weise festgestellte Überschuldung als Konkursgrund

[1] Goldstein, § 2 unter 5b α; Jaeger, §§ 207, 208 Anm. 3; a. M. Neukamp S. 286; Staub-Hachenburg, § 63 Anm. 5; Simon, S. 464ff.

genügen läßt, eine unentbehrliche Sicherung der allein auf das Gesellschaftsvermögen angewiesenen Gläubiger.[1]

2. Passiva.

Als Passiva sind zwecks Feststellung der Überschuldung nur die wirklichen fälligen und nicht fälligen Gesellschaftsschulden in ihrer gegenwärtigen Höhe in Ansatz zu bringen, nicht aber die übrigen Posten, die auf der Passivseite der Bilanz aufgeführt sind, ohne Schulden zu sein.[2]

So gehören nicht zu den Schulden die nach § 42 Z. 4 GG. ausnahmsweise unter die Passiva der Bilanz aufzunehmenden Posten des Stammkapitals, des Reservefonds und der Gesamtbeträge der eingezahlten Nachschüsse. Alle diese Posten sind keine Gesellschaftsschulden; sie werden nur deshalb in die Passivseite der Bilanz eingegliedert, weil ein ihnen entsprechender Teil des Gesellschaftsvermögens der Gewinnverteilung entzogen werden soll. Aus demselben Grunde gehört auch der Kapitalbetrag, der nach § 42 Z. 3 Halbsatz 2 GG. den in die Aktiva der Bilanz gemäß § 42 Z. 3 Halbsatz 1 GG. aufgenommenen Nachschußansprüchen in den Passiva gegenübergestellt wird, nicht zu den Gesellschaftsschulden.

Wirkliche Schulden sollen dagegen sein die sog. unechten Reservefonds[3], d. h. Passivposten, welche als Korrektivposten gegen zu hohe Bewertung der Aktiva in die Bilanz gestellt werden, z. B. Erneuerungs-, Delkrederefonds, Effektenreserve.[4] Diese Auffassung ist nicht genau. Da bei der Feststellung der Überschuldung alle Aktiva nur zu ihrem gegenwärtigen Betriebswerte angesetzt werden dürfen, ihre zu hohe Bewertung daher ausgeschlossen ist, bedarf es der unechten Reservefonds zur Ausgleichung überhaupt nicht. Wenn man auch bei zu hoher Bewertung der Aktiva und dem Ansatz der unechten Reservefonds als Schulden die Überschuldung ebenso richtig feststellen kann,

---

[1] Jaeger, §§ 207, 208 Anm. 3.

[2] Staub-Hachenburg, § 63 Anm. 5; Jaeger, §§ 207, 208 Anm. 3; Goldstein, § 2 unter 5b β.

[3] Vgl. z. B. Staub-Hachenburg, § 63 Anm. 5 und § 42 Anm. 50; Rehm, S. 555; Wiesner, S. 312.

[4] Vgl. Wiesner, a. a. O.

so geschieht dies doch auf einem inkonsequenten Umwege. Ist ein solches unechtes Reservekonto in der Bilanz höher als nötig angesetzt, so ist es insoweit erst recht kein Passivum bei der Feststellung der Überschuldung.

Wirkliche Schulden sind dagegen die als Reservefonds in der Bilanz aufgeführten Garantiefonds, soweit sie die gegenwärtige Höhe derjenigen der Gesellschaft erwachsenen Garantieverbindlichkeiten angeben, die gegen sie geltend gemacht werden können. Soweit sie diese Höhe überschreiten, sind auch sie keine Schulden. Schulden sind auch die Schadenreserven der Versicherungsgesellschaften, die den schon entstandenen, aber noch nicht vergüteten Schaden angeben. Auch die Prämienreserve[1] (§ 61 d. R.G. über die privaten Versicherungsunternehmungen vom 12. Mai 1901) ist eine wirkliche Schuld; jedoch kann der Hauptfall, die Lebensversicherung, von einer G. m. b. H. nicht betrieben werden (§ 6 l. c.).[2]

Hervorzuheben ist noch, daß ordnungsmäßig festgestellte Dividendenansprüche der Gesellschafter wirkliche Schulden sind.[3]

Verbindlichkeiten gemäß § 67 KO. sind je nach Lage des Falles als Passiva einzustellen. Staub-Hachenburg, § 63 Anm. 5, nennt eine Reihe eigenartig bedingter Verbindlichkeiten der Gesellschaft, die bei der Feststellung der Überschuldung nicht als Passiva anzusehen sind, so Giroverbindlichkeiten, wenn der Akzeptant, Bürgschaften, wenn der Hauptschuldner solvent ist; so Darlehen, welche Gesellschafter der Gesellschaft gegeben haben, rückzahlbar, wenn die Lage der Gesellschaft es gestattet, u. ä. Dies ist durchaus zutreffend; doch ist hierbei immer nach Lage des einzelnen Falles zu entscheiden.

Die Bewertung der Schulden erfolgt nach ihrem Werte zur Zeit der Feststellung der Überschuldung, genau so wie dies auch für die Aufstellung der Bilanz im § 40 Abs. 2 HGB. vorgeschrieben ist.

---

[1] Goldstein, § 2 unter 5b β; Bett, S. 24; Staub-Hachenburg, § 63 Anm. 5; Liebmann, S. 173; a. M. Rehm, § 149.

[2] Vgl. Wiesner a. a. O.

[3] Staub-Hachenburg, § 63 Anm. 3 und 5; Jaeger, §§ 207, 208 Anm. 3; a. M. Neukamp, S. 291, 110ff.

§ 3.

Die Konkursveranlassung.[1]

Unter Konkursveranlassung versteht man die formelle Voraussetzung des Konkurses. Das ist in jedem Falle ein ordentlicher Antrag auf Eröffnung des Konkursverfahrens (§ 103 Abs. 1 KO.). Von Amts wegen hat das Konkursgericht den Konkurs in keinem Falle zu eröffnen, auch bei der G. m. b. H. nicht. Eine Pflicht zur Stellung des Eröffnungsantrages besteht regelmäßig nicht. Berechtigt, die Eröffnung des Konkurses zu beantragen, ist der künftige Gemeinschuldner und jeder Konkursgläubiger (§ 103 Abs. 2 KO.). Für die G. m. b. H. bestehen insofern Besonderheiten, als das Gesetz das Antragsrecht der Gemeinschuldnerin eigentümlich regelt und bestimmten Personen eine Antragspflicht auferlegt.

I. Das Antragsrecht.

1. Zum Antrage auf Eröffnung des Konkursverfahrens ist zunächst jeder Konkursgläubiger berechtigt (§ 63 Abs. 2 GG. mit § 208 Abs. 1 KO.). Sein Eröffnungsantrag ist nur zuzulassen, wenn er seine Forderung und den Konkursgrund, also Zahlungsunfähigkeit oder Überschuldung der G. m. b. H., glaubhaft macht[2] (§ 105 Abs. 1 KO.).

Konkursgläubiger mit Antragsrecht kann insbesondere auch jeder Gesellschafter sein.[3] Bei Forderungen des Gesellschafters, die unabhängig von seiner Mitgliedschaft aus Rechtsgeschäften mit der Gesellschaft, wie aus Kauf, Miete, Darlehn usw., entstanden sind, bedarf dies keiner weiteren Erörterung. Insofern ist der Gesellschafter ein Gläubiger wie jeder andere Gesellschaftsgläubiger. Es werden aber auch Forderungen des Gesellschafters, die aus seiner Mitgliedschaft entsprungen sind, zu gewöhnlichen Gläubigerrechten. Auch sie sind als Konkursforderungen geltend

---

[1] Für die Aktiengesellschaft: Jaeger, §§ 207, 208 Anm. 4—7; Bett, § 7; Goldstein, § 3.

[2] Vgl. Bett S. 25, 26.

[3] Staub-Hachenburg, § 63 Anm. 6.

zu machen und berechtigen den Gesellschafter zur Stellung des Eröffnungsantrags. Solche Forderungen sind z. B. ordnungsmäßig festgestellte Dividendenansprüche (§ 29 GG.), Ansprüche aus vor dem Konkurs eingezogenen Geschäftsanteilen (§ 34 GG.), bei Herabsetzung des Stammkapitals Ansprüche auf festgestellte Rückzahlungen (§ 58 GG.), Ansprüche auf beschlossene Rückzahlungen von Nachschüssen (§ 30 Abs. 2 GG.). Näheres vgl. u. § 7 II B. Auch der Anspruch auf den Betrag, den eine in Liquidation befindliche G. m. b. H. nach Ablauf des Sperrjahres auszuschütten beschlossen hat, gehört hierher. Staub-Hachenburg lehrt hierzu folgendes: Es komme darauf an, ob Zahlungsunfähigkeit oder Überschuldung der Konkursgrund sei. Im Falle der Zahlungsunfähigkeit habe auch der Gesellschafter als künftiger Konkursgläubiger der auf Grund seiner Mitgliedschaft entstandenen Forderungen das Antragsrecht. Es stehe ihm nur insoweit nicht zu, als die Erfüllung seiner Forderung durch die Gesellschaft eine Verminderung des zur Erhaltung des Stammkapitals erforderlichen Vermögens der Gesellschaft darstellen würde.[1] Da nämlich jede Auszahlung des zur Erhaltung des Stammkapitals erforderlichen Vermögens der Gesellschaft an die Gesellschafter verboten sei, könne in einem solchen Falle der Gesellschafter keine Zahlung verlangen (§ 30 Abs. 1 GG.). Er könne also auch den Antrag auf Konkurseröffnung gar nicht stellen. Insoweit die Auszahlung verboten sei, könne nicht Zahlungsunfähigkeit eintreten.[2] Im Falle der Überschuldung sei der Gesellschafter als Gläubiger der aus seiner Mitgliedschaft entsprungenen Forderungen niemals antragsberechtigt, weil die Befriedigung solcher Forderungen im Überschuldungsfalle stets eine nach § 30 Abs. 1 GG. verbotene Auszahlung des zur Erhaltung des Stammkapitals erforderlichen Gesellschaftsvermögens sein würde.[3] Dieser Ansicht kann nicht beigepflichtet werden. Die genannten Ansprüche entspringen zwar unmittelbar aus der Mitgliedschaft, aber sie sind nicht Mitgliedsrechte. Denn mit

---

[1] Staub-Hachenburg, § 29 Anm. 8; anders früher Staub.
[2] Staub-Hachenburg, § 63 Anm. 3; anders früher Staub.
[3] Staub-Hachenburg, § 63 Anm. 7.

seiner gesetz- und satzungsgemäßen Festsetzung wird der Dividendenanspruch und mit der Erfüllung der Erfordernisse der §§ 58, 30 Abs. 2 und 34 GG. werden die oben genannten Rückzahlungsansprüche zu Gläubigerrechten (vgl. u. § 7 II B).[1] Daran vermag auch eine später eintretende Überschuldung nichts mehr zu ändern. Mag nun Zahlungsunfähigkeit oder Überschuldung der Konkursgrund sein, in jedem Falle berechtigen solche Gläubigerrechte den Gesellschafter zur Stellung des Eröffnungsantrags.[2] Die HACHENBURGsche Ansicht muß schon aus folgenden Gründen abgelehnt werden: Einerseits würde nämlich ein Gesellschafter, der noch vor Eintritt der Überschuldung über seinen Anspruch verfügt, der ihn z. B. einzieht oder abtritt oder verpfändet, sich der unangenehmen Wirkung des § 30 Abs. 1 GG. entziehen und demgemäß besser stehen als der Gesellschafter, der nicht über seinen Anspruch verfügt hat.[3] Auch kann § 30 Abs. 1 GG. nicht dem Rechtsnachfolger gegenüber gelten; vgl. z. B. § 404 BGB. Andrerseits ist das dem Gesellschafter nur für den Fall der Zahlungsunfähigkeit gewährte Antragsrecht praktisch fast völlig wertlos. Denn bei dem mit jeder Konkurseröffnung verbundenen rapiden Sinken aller Vermögenswerte des Gemeinschuldners pflegt die Überschuldung der Konkurseröffnung regelmäßig unmittelbar zu folgen. Da aber mit Eintritt der Überschuldung § 30 Abs. 1 GG. zu wirken beginnen würde, würde der Antragsteller doch im Konkurs leer ausgehen.

2. Antragsberechtigt ist ferner nach der allgemeinen Vorschrift des § 103 Abs. 2 KO. der Gemeinschuldner, d. i. die G. m. b. H., vertreten durch ihre Vertreter, also Geschäftsführer bzw. Liquidatoren. Und zwar würde, da die Kollektivvertretung gesetzliche Regel ist (§ 35 Abs. 2 GG.), falls im Statut nichts darüber bestimmt ist, der Eröffnungsantrag von sämtlichen Geschäftsführern bzw. Liquidatoren zu stellen sein. Das Gesetz hat aber ausdrücklich jedem Geschäftsführer und jedem Liqui-

---

[1] STAUB-PINNER, § 213 Anm. 12; BETT, S. 68.

[2] A. M. NEUKAMP, S. 111ff., 290ff., der die Geltendmachung solcher Ansprüche im Konkurse überhaupt nicht gestattet, mithin jedes Antragsrecht verneint; uns zustimmend FÖRTSCH, S. 80, und LIEBMANN, S. 85, 174.

[3] Vgl. neuerdings JAEGER, §§ 207, 208 III 1b.

dator einzeln das Antragsrecht verliehen (§ 63 Abs. 2 GG. mit § 208 Abs. 1 KO.). Das Antragsrecht mußte schon deshalb so geregelt werden, weil das Gesetz auch jedem einzelnen Geschäftsführer und Liquidator für den Fall, daß die Zahlungsunfähigkeit der Gesellschaft eintritt oder gelegentlich der Aufstellung der Jahresbilanz oder einer im Laufe des Geschäftsjahres aufgestellten Bilanz sich Überschuldung ergibt, die Pflicht auferlegt hat, die Eröffnung des Konkursverfahrens zu beantragen (§§ 64, 71 GG.). Diese Bestimmungen über das Antragsrecht widersprechen außerdem den allgemeinen für die Geschäftsführer und Liquidatoren geltenden Vorschriften nicht; denn in dem Antrag auf Konkurseröffnung ist weder eine in den Bereich der Geschäftsführung der Gesellschaft fallende Rechtshandlung noch ein einzelnes Liquidationsgeschäft zu erblicken.[1]

3. Das Antragsrecht ist in dem § 63 Abs. 2 GG. mit § 208 Abs. 1 KO. erschöpfend geregelt. Anderen als den dort genannten Personen steht das Antragsrecht infolgedessen nicht zu; insbesondere haben kein Antragsrecht:

a) der einzelne Gesellschafter als solcher, sofern er nicht als Konkursgläubiger antragsberechtigt ist.

b) die Gesellschafterversammlung.[2] Ein Beschluß der Gesellschafter, daß der Eröffnungsantrag zu stellen sei, ist nur eine Anweisung an die Geschäftsführer bzw. Liquidatoren. Diese brauchen der Anweisung aber nicht zu gehorchen. Befolgen sie sie nicht, obwohl tatsächlich ein Konkursgrund vorliegt, so kann dies ein wichtiger Grund zum Widerruf der Bestellung der antragsberechtigten Gesellschaftsorgane sein (§§ 38, 46 Z. 5 u. 6, 69 GG.). Andrerseits bindet auch ein Gesellschafterbeschluß, daß der Eröffnungsantrag nicht zu stellen sei, die antragsberechtigten Organe nicht. Doch kann er für sie ein wichtiger Grund sein, ihr Amt niederzulegen.

c) alle Gesellschafter gemeinsam.[3]

---

[1] Mat. zur KO. S. 391 (Motive zur KO. S. 442, 443).

[2] Jaeger, §§ 207, 208 Anm. 4; Neukamp, S. 287; RGZ. Bd. 36 S. 30; Staub-Hachenburg, § 46 Anm. 1 und § 63 Anm. 7; Liebmann, S. 174.

[3] Staub-Hachenburg, § 63 Anm. 7; Neukamp, S. 287.

d) der Aufsichtsrat, wenn ein solcher vorhanden ist.[1] Auch im Gesellschaftsvertrage kann nicht bestimmt werden, daß der Aufsichtsrat antragsberechtigt sein soll.[2] Doch ist der Aufsichtsrat auf Grund seines ihm nach § 52 GG. mit § 246 HGB. zustehenden Überwachungsrechtes verpflichtet, wenn ihm das Vorliegen eines Konkursgrundes bekannt wird, auf die Stellung des Eröffnungsantrages hinzuwirken. Er kann zu diesem Zwecke die Geschäftsführer bzw. Liquidatoren zur Antragstellung anweisen, jedoch ohne sie an die Anweisung binden zu können. Stellen die dazu Angewiesenen den Antrag nicht, so hat der Aufsichtsrat die Gesellschafterversammlung zu berufen (§ 52 GG. mit § 246 Abs. 2 HGB.), die dann, wie unter b) angegeben ist, die Bestellung der betreffenden Organe widerrufen kann.

Das einzelne Aufsichtsratsmitglied hat, wenn es das Vorliegen eines Konkursgrundes bemerkt, unverzüglich den Aufsichtsrat und die Geschäftsführer bzw. Liquidatoren davon zu benachrichtigen, da es die Sorgfalt eines ordentlichen Geschäftsmannes anzuwenden hat (§ 52 GG. mit § 249 Abs. 1 u. 2 HGB.).

e) der Prokurist und der Generalhandlungsbevollmächtigte.[3] Der Eröffnungsantrag ist auch weder ein Geschäft noch eine Rechtshandlung, die der Betrieb eines Handelsgewerbes mit sich bringt.

II. Die Antragspflicht.

Im Regelkonkurse gibt es keine Antragspflicht. Die Geschäftsführer und Liquidatoren der G. m. b. H. haben aber unter bestimmten Voraussetzungen die Pflicht, die Konkurseröffnung zu beantragen. Um sie zur Erfüllung dieser Pflicht anzuhalten, hat ihnen das Gesetz für Verletzungen der Antragspflicht noch besondere zivil- und strafrechtliche Haftungen auferlegt. Diese Schaffung und Regelung der Antragspflicht rechtfertigt sich aus den mit der Weiterführung des Unternehmens im Falle der Zahlungsunfähigkeit oder Überschuldung für die Gesellschafts-

---

[1] RGZ. Bd. 36 S. 30; Jaeger, Staub-Hachenburg u. Neukamp a. a. O.

[2] A. M. Liebmann, S. 174.

[3] Staub-Hachenburg, § 63 Anm. 7; Neukamp, S. 287.

gläubiger und Gesellschafter verbundenen großen wirtschaftlichen Gefahren.[1]

1. Die Antragspflichtigen.[2]

a) Die Pflicht, die Eröffnung des Konkursverfahrens zu beantragen, obliegt den Geschäftsführern (§ 64 Abs. 1 GG.). Sie werden infolge ihrer Geschäftsführung regelmäßig zuerst von der Zahlungsunfähigkeit oder Überschuldung der Gesellschaft Kenntnis erlangen.

b) Im Liquidationsstadium sind die Liquidatoren antragspflichtig (§ 71 Abs. 1 mit § 64 Abs. 1 GG.). Das sind, wenn nicht die Liquidation durch den Gesellschaftsvertrag oder durch Beschluß der Gesellschafter anderen Personen übertragen ist, wiederum die Geschäftsführer (§ 66 GG.). Wird die Liquidation aber nicht von den Geschäftsführern, sondern von besonderen Liquidatoren durchgeführt, so endigt die Antragspflicht der Geschäftsführer mit dem Beginn der Liquidation, während die Antragspflicht der Liquidatoren im gleichen Zeitpunkte beginnt.

c) Bei einer nichtigen G. m. b. H. (§ 75 GG.) sind, solange die Nichtigkeit der Gesellschaft noch nicht ins Handelsregister eingetragen ist, die Geschäftsführer antragspflichtig. Ist die Nichtigkeit dagegen in das Handelsregister eingetragen, so haben die Liquidatoren die Antragspflicht (§ 77 GG.).

Besonders wirksam hat das Gesetz die Regelung der Antragspflicht dadurch gestaltet, daß es jedem einzelnen Geschäftsführer und jedem einzelnen Liquidator die Verpflichtung auferlegt hat. Der Mitwirkung der übrigen Antragspflichtigen bei der Antragstellung bedarf es nicht. Wie dem einzelnen Geschäftsführer oder Liquidator das Antragsrecht zusteht, obliegt ihm auch die Antragspflicht. Die Weigerung der übrigen Antragspflichtigen entbindet ihn nicht von der Antragspflicht. Daß die Antragspflichtigen von Beschlüssen der Gesellschafterversammlung und des Aufsichtsrats, daß der Eröffnungsantrag zu stellen oder nicht zu stellen sei, gänzlich unabhängig sind, ist schon oben unter I 3 b, d dargelegt.

---

[1] Vgl. Wiesner, S. 316.

[2] Staub-Hachenburg, § 64 Anm. 1 und 2.

d) Die Antragungspflicht des Geschäftsführers bzw. Liquidators dauert nur so lange, als er sein Amt inne hat. Mit dem Ausscheiden aus dem Amte erlischt das Antragsrecht und die Antragspflicht. War aber der Konkursgrund schon vor dem Ausscheiden aus dem Amte vorhanden, so bleibt der Antragspflichtige auch nach seinem Ausscheiden aus dem Amte zivil- und strafrechtlich haftbar wegen der Verletzung der Antragspflicht.[1] Durch die Niederlegung seines Amtes kann der Antragspflichtige sich zwar insoweit seiner Pflicht entziehen, als er die Legitimation zur Antragsstellung einbüßt, aber seine Haftung dafür, daß er seiner Antragspflicht nicht genügt hat, als ihm dies noch möglich war, kann er nicht beseitigen. Ist der Konkursgrund schon vor Eintritt des Antragspflichtigen in sein Amt entstanden, ohne daß der frühere Antragspflichtige den Antrag gestellt hat, so ist nunmehr der neue Amtsinhaber antragspflichtig, während der alte wegen Verletzung seiner Antragspflicht haftbar bleibt. So kann der Geschäftsführer neben dem antragspflichtigen Liquidator haftbar bleiben, wenn der Konkursgrund schon vor der Liquidation eingetreten und der Geschäftsführer nicht Liquidator geworden ist.

e) Die anderen Gesellschaftsorgane haben keine Antragspflicht. Es steht ihnen ja auch kein Antragsrecht zu. Der Aufsichtsrat hat die Pflicht, auf die rechtzeitige Stellung des Eröffnungsantrages hinzuwirken (vgl. oben I 3d). Diese Pflicht hat er auch, wenn sich die Gesellschaft bereits in Liquidation befindet.[2] Im Gesellschaftsvertrage kann er aber von dieser Pflicht entbunden werden, so daß ihm nur noch das Recht bleibt, für die Stellung des Antrags durch Anregung der Antragspflichtigen zu sorgen (§ 52 Abs. 1 GG.). Eine strafrechtliche Haftung besteht für die Aufsichtsratsmitglieder nicht.

2. Die Voraussetzungen der Antragspflicht.

Voraussetzungen der Antragspflicht sind die Zahlungsunfähigkeit und die sich aus der Jahresbilanz oder aus einer im

---

[1] Jaeger, §§ 207, 208 Anm. 6; a. M. Bauer, Zeitschr. f. Aktiengesellschaften Bd. 11 S. 202, Bd. 14 S. 218.

[2] Staub-Hachenburg, § 69 Anm. 37.

Laufe des Geschäftsjahres aufgestellten Bilanz ergebende Überschuldung der Gesellschaft (§ 64 Abs. 1 GG.). Jede einzelne der beiden Voraussetzungen genügt zur Begründung der Antragspflicht.

a) Die Bestimmung, daß mit dem Eintritte der Zahlungsunfähigkeit die Verpflichtung zur Stellung des Eröffnungsantrages entsteht, hat in der Praxis zu großen Übelständen[1] geführt, weil sie den Antragspflichtigen auch nicht die kleinste Frist läßt, die Beseitigung der Zahlungsunfähigkeit zu versuchen. Jeder Sanierungsversuch, auch der schleunigste und aussichtsreichste, ist unmöglich, wenn bereits Zahlungsunfähigkeit vorliegt, da sich der Antragspflichtige durch ihn strafbar macht. Diese starre Regelung der Antragspflicht ist der Grund dafür, daß ein Moratorium, ein Forderungsnachlaß, überhaupt jeder außergerichtliche Vergleich der Gesellschaft mit ihren Gläubigern beim Vorliegen der Zahlungsunfähigkeit regelmäßig unstatthaft ist; ohne Rücksicht darauf, daß der Versuch, den Konkurs zu vermeiden, den besten Erfolg verspricht, muß der Antragspflichtige die Konkurseröffnung beantragen. Dies bringt in den meisten Fällen eine schwere Schädigung des Wirtschaftslebens mit sich; denn der Konkurs hat eine oft weite Kreise beeinträchtigende Verkehrsstockung zur Folge. Wenn er vermieden werden würde, würden die Gläubiger regelmäßig schneller und ausgiebiger befriedigt werden, und die Masse würde nicht um die oft erheblichen Verfahrenskosten vermindert werden. Staub-Hachenburg[2] versucht, diese strenge Regelung der Antragspflicht dadurch zu mildern, daß er das Gesetz dahin auslegt, es sei nicht sofort beim Eintritte der Zahlungsunfähigkeit der Eröffnungsantrag zu stellen, sondern es könne erst eine mäßige Spanne Zeit verstreichen, wenn sie dazu benutzt werde, um den Konkursgrund durch Geldbeschaffung oder Stundung zu beseitigen, falls nur die schwebenden Verhandlungen nicht aussichtslos erscheinen. Solange nämlich die naheliegende Möglichkeit der Beschaffung neuer Mittel oder der Stundung bestehe, brauche der Konkurs deshalb nicht beantragt zu werden, weil die Gemeinschuldnerin erwarten könne, innerhalb eines Zeitraumes,

---

[1] Vgl. hierzu Jaeger, § 103 Anm. 5.

[2] Staub-Hachenburg, § 64 Anm. 3.

der nach der Auffassung des Verkehrslebens den Mangel an bereiten Zahlungsmitteln als einen nur vorübergehenden erscheinen lasse, ihren Gläubigern gerecht werden zu können. Es liege dann gar nicht Zahlungseinstellung, sondern nur Zahlungsstockung vor. Dies ist durchaus richtig.[1] Nur wird durch diese Feststellung die Antragspflicht und ihr Beginn in keiner Weise verschoben. Solange nur Zahlungsstockung vorliegt, ist überhaupt kein Konkursgrund vorhanden. Eine Antragspflicht besteht dann nicht. Wenn aber einmal Zahlungsunfähigkeit vorliegt, sei es, daß sich die Zahlungsstockung zur Zahlungseinstellung entwickelt hat, sei es, daß gar keine Zahlungsstockung vorausgegangen ist, so besteht die Antragspflicht vom Eintritte der Zahlungsunfähigkeit an bis zu deren wirklicher Beseitigung. Die Möglichkeit einer Rückbildung der Zahlungsunfähigkeit zur Zahlungsstockung, weil nach Eintritt der Zahlungsunfähigkeit gepflogene Verhandlungen die Beseitigung des Konkursgrundes als möglich erscheinen lassen, kann nicht anerkannt werden. Wenn einmal Zahlungsunfähigkeit eingetreten ist, besteht sie so lange, bis die Gesellschaft wieder im Besitze so vieler Zahlungsmittel ist, daß sie ihre sofort zu erfüllenden Geldschulden berichtigen kann. Solange besteht auch die Antragspflicht, und ihre Verletzung durch jede Verzögerung der Antragsstellung begründet die zivil- und strafrechtliche Haftung des säumigen Antragspflichtigen, und zwar selbst dann, wenn die Vermeidung des Konkurses gelungen ist. Daran muß festgehalten werden, trotzdem diese Regelung der Antragspflicht den Bedürfnissen unseres Wirtschaftslebens nicht völlig nachkommt. Auf diesem Standpunkte steht auch heute noch das Reichsgericht,[2] welches vom Antragspflichtigen gegebenenfalls die unverzügliche Antragsstellung verlangt. Nur eine neue gesetzliche Regelung kann diesem Übelstande abhelfen, der übrigens bei der Aktiengesellschaft sich in gleicher Weise bemerkbar macht (§§ 240 Abs. 2 und 315 Abs. 1 Z. 2 HGB.).[3]

---

[1] Wiesner, S. 317, 318.

[2] RGSt. Bd. 37 S. 26 u. 325; RGZ. Bd. 72 S. 285.

[3] Vgl. auch Bauer, Zeitschr. f. Aktiengesellschaften, Bd. 11 S. 202 und Bd. 14 S. 218.

b) Im Gegensatze zur Zahlungsunfähigkeit, die in jedem Falle die Antragspflicht begründet, besteht im Falle der Überschuldung die Antragspflicht nur dann, wenn sich die Überschuldung aus der Jahresbilanz oder aus einer im Laufe des Geschäftsjahres aufgestellten Bilanz ergibt. Das Antragsrecht besteht im Überschuldungsfalle schlechthin, die Antragspflicht aber nur in den genannten besonderen Fällen (§§ 63 und 64 GG.). Darauf ist schon in der Denkschrift zum HGB.[1] hingewiesen worden. Auch in der Literatur[2] hat diese Ansicht Anerkennung gefunden. Wenn Staub-Hachenburg[3] sagt, ein der Hervorhebung werter Unterschied zwischen Antragsrecht und Antragspflicht sei hier nicht zu finden, weil sich die Feststellung der Überschuldung ja gar nicht anders als durch Aufstellung einer Bilanz, nämlich durch Gegenüberstellung der Aktiva und Passiva, vornehmen lasse, so kann ihm nicht völlig beigepflichtet werden. Der Wortlaut des § 64 Abs. 1 GG. drängt schon zu der Annahme, daß es zur Begründung der Antragspflicht nicht genügt, daß die Überschuldung bei der Aufstellung irgend einer beliebigen Bilanz festgestellt worden ist. Gerade so, wie man unter der Jahresbilanz eben nur eine bestimmte Bilanz versteht, nämlich die für das verflossene Geschäftsjahr (§ 41 Abs. 2 GG.), muß man unter im Laufe des Geschäftsjahres aufgestellten Bilanzen eine bestimmte Art von Bilanzen verstehen. Sonst wäre gar nicht einzusehen, weshalb sich das Gesetz dieser schwerfälligen Ausdrucksweise bedient hat, anstatt einfach zu sagen: „wenn sich bei Aufstellung einer Bilanz Überschuldung ergibt". Darauf, wer die Bilanz aufgestellt hat, kommt es in der Tat nicht an. Darin ist Staub völlig recht zu geben. Die Bilanz kann deshalb ebensogut von einem Geschäftsführer, einem Buchhalter oder Prokuristen, einem Aufsichtsratsmitglied oder einer von der Generalversammlung bestellten Revisionskommission aufgestellt worden sein, wie von außerhalb der Gesellschaft stehenden Personen, z. B. Bücherrevisoren, stillen Gesellschaftern oder Gläubigern. Auch darauf kommt es nicht

[1] Mat. zum HGB. S. 68.
[2] Förtsch, S. 164; Liebmann, S. 175; Neukamp, S. 288, 295.
[3] Staub-Hachenburg, § 64 Anm. 4; anders früher Staub.

an, daß die Bilanz niedergeschrieben worden ist. Es kann sehr wohl sein, daß der Geschäftsführer oder sonst jemand im Laufe einer geschäftlichen Konferenz oder Sitzung aus dem Kopfe die Bilanz in großen Zügen aufstellt und sofort die Überschuldung mit Sicherheit feststellt. Das Wesentliche ist vielmehr, daß die Bilanz „im Laufe des Geschäftsjahres aufgestellt" worden ist. Das kann nur bedeuten: die Bilanz muß irgendwann und irgendwo im Geschäftsverkehr der Gesellschaft einmal aufgetreten sein und deren geschäftlichen Zwecken irgendwie gedient haben. Zweck, Gelegenheit und Form sind gleichgültig, wenn sich nur die Gesellschaft in irgend einer Weise offiziell mit dieser Bilanz beschäftigt hat, so daß die Bilanz den Beteiligten als Bilanz der Gesellschaft erschienen ist und erkenntlich war. Dies kann z. B. in einer Aufsichtsratssitzung, einer Gesellschafterversammlung, einer Konferenz irgend eines Gesellschaftsvertreters — er braucht nicht antragspflichtig zu sein — mit Bücherrevisoren oder Gläubigern, einem Rundschreiben an die Gläubiger,[1] ja sogar in einer geschäftlichen Mitteilung an einen einzigen Gläubiger geschehen sein. In allen solchen Fällen muß der Antragspflichtige, wenn er von der Überschuldung Kenntnis erlangt, sei dies auch erst nachträglich, falls er selbst die Überschuldung feststellt, den Eröffnungsantrag stellen. Dagegen entfällt jede Antragspflicht, wenn die Kenntnis von der Überschuldung auf andere Weise erlangt wird, so z. B. wenn jemand dem Antragspflichtigen nur vertraulich die private Mitteilung von einer die Überschuldung ergebenden Bilanz macht. Es ist auch möglich, daß die Überschuldung für den mit den Gesellschaftsverhältnissen vertrauten Antragspflichtigen erkennbar ist, ohne daß er es nötig hat, erst noch eine Bilanz aufzustellen. Bei plötzlich eintretenden großen Verlusten, wie sie Kursschwankungen und wirtschaftliche Krisen mit sich bringen, kann dies der Fall sein. Wenn nun die Überschuldung sich nicht erst aus einer im Laufe des Geschäftsjahres aufgestellten Bilanz ergeben hat, sondern auf andere Weise zur Kenntnis des Antragspflichtigen gekommen ist, so begründet sie keine Antragspflicht, sondern lediglich das Antrags-

---

[1] RGSt. Bd. 37 S. 26.

recht. Doch kann die Pflicht der Geschäftsführer und Liquidatoren zur Geschäftsbesorgung unter Anwendung der Sorgfalt eines ordentlichen Geschäftsmannes es mit sich bringen, daß diese zur Stellung des Konkursantrages verpflichtet sind (§§ 43 Abs. 1 und 71 GG.). Auf Grund dieser Sorgfaltspflicht können die Antragspflichtigen, wenn sie die Überschuldung nur vermuten, verpflichtet sein, zur Prüfung eine Bilanz aufzustellen.[1] In solchen Fällen besteht aber nur eine zivilrechtliche Haftung gemäß den §§ 43 Abs. 2 und 71 GG., keine strafrechtliche. Nur dann würden die Geschäftsführer und Liquidatoren strafbar sein, wenn sie es unterlassen hätten, eine gesetzlich vorgeschriebene Bilanz aufzustellen (§§ 83 GG. und 244 KO. mit § 240 Z. 4 KO.). — Falsch ist meines Erachtens die zwar dem Wortlaut, aber nicht dem Sinne des Gesetzes entsprechende Auslegung Neukamps,[2] die Antragspflicht bestehe, wenn die Bilanz als solche eine Überschuldung aufweise, gleichviel, ob Überschuldung in Wirklichkeit vorhanden sei oder nicht, und umgekehrt bestehe nur ein Antragsrecht, aber keine Antragspflicht, wenn die richtig aufgemachte Bilanz einen Überschuß des Aktivvermögens über die Passivmasse ergebe, aber dennoch wirkliche Überschuldung vorliege. Eine solche Auslegung trägt weder dem durchaus auf die Wirklichkeit abgestellten Begriffe der Überschuldung noch den Bedürfnissen des Wirtschaftslebens Rechnung.

Die Antragspflicht besteht im Überschuldungsfalle unabhängig davon, ob gleichzeitig noch Zahlungsunfähigkeit vorliegt oder nicht.[3] Ferner ist noch zu erwähnen, daß Fehler in der Bilanz, die die Erkennung der Überschuldung erschweren, die Antragspflichtigen nicht von der Antragspflicht befreien. Auch ist es keine Entschuldigung der Antragspflichtigen, daß sie bei richtiger Aufmachung der Bilanz aus dieser gar nicht ohne weiteres die Überschuldung erkennen konnten, weil sie begleitende Nebenumstände, die erst die Überschuldung ergaben, unberücksichtigt gelassen haben (vgl. oben § 2 unter III).

---

[1] Liebmann, S. 175.
[2] Neukamp, S. 289.
[3] RGSt. Bd. 44 S. 49.

Trotzdem die Antragspflicht, wenn Überschuldung vorliegt, auf die Fälle beschränkt ist, in denen sich die Überschuldung aus einer im Laufe des Geschäftsjahres aufgestellten Bilanz ergibt, hat diese Regelung zu demselben Übelstande geführt wie im Falle der Zahlungsunfähigkeit. Sobald sich die Überschuldung herausgestellt hat, muß der Antragspflichtige unverzüglich den Konkursantrag stellen.[1] Zu Sanierungsversuchen gibt es keine Frist. Selbst wenn zu erwarten ist, daß die schleunigst berufene Gesellschafterversammlung alsbald die zur Beseitigung der Überschuldung erforderlichen Nachschüsse beschließen wird, oder daß die Gläubiger zu einem Vergleiche bereit sein werden, in welchem sie so viel von ihren Forderungen nachlassen, daß keine Überschuldung mehr vorliegt, muß der Konkurs beantragt werden.

c) Es ist schon mehrfach darauf hingewiesen worden, daß die strenge Regelung der Antragspflicht im Interesse der Gesellschaftsgläubiger einerseits und im Interesse der Gesellschafter andrerseits getroffen worden ist. Bei den erfolglosen Versuchen, die Antragspflicht zu umgehen, um Sanierungsversuche zu ermöglichen, ist nun die Frage aufgetaucht, ob die Antragspflichtigen als *entschuldigt* gelten können, wenn sämtliche Gesellschafter und sämtliche Gesellschaftsgläubiger einer Verschiebung der Konkursanmeldung zustimmen.[2] Daß ein Gesellschafterbeschluß die Geschäftsführer und Liquidatoren von der Erfüllung der Antragspflicht nicht abhalten darf, ist schon oben unter II 1c ausgeführt worden. Es ist auch einleuchtend, daß der Beschluß einer Gläubigerversammlung keine andere Wirkung haben kann. Wenn jedoch sämtliche Gesellschaftsgläubiger und sämtliche Gesellschafter einer Hinausschiebung des Eröffnungsantrages zustimmen, sei es in der Absicht, die Zahlungsunfähigkeit, sei es in der Absicht, die Überschuldung zu beseitigen, dann könnte man geneigt sein, eine Verschiebung der Konkursanmeldung für erlaubt zu halten; denn die Hauptinteressenten haben in ihrer Gesamtheit den Schaden selbst verschuldet, der eventuell durch die Unterlassung des Konkursantrages entsteht, indem sie sich mit

---

[1] RGSt. Bd. 37 S. 26 u. 325; RGZ. Bd. 72 S. 285.

[2] RGZ. Bd. 72 S. 285.

der Hinausschiebung des Antrages einstimmig einverstanden erklärt haben. Dies ist aber nicht richtig. Vor allem widerspricht es dem Sinne der §§ 64 und 71 GG.; denn die strenge Regelung der Antragspflicht ist nur geschaffen worden, um das Publikum vor der Gemeingefährlichkeit zahlungsunfähiger und überschuldeter Gesellschaften zu schützen, und zwar nicht nur das bereits zur Zeit des Eintritts eines Konkursgrundes mit der Gesellschaft in Geschäfts- und Kreditverkehr stehende Publikum, sondern auch das, welches erst nach Eintritt des Konkursgrundes mit der Gesellschaft in Verbindung tritt. Gerade der Schutz desjenigen Publikums, welches erst nach dem Eintritt des Konkursgrundes und dann natürlich ohne Kenntnis von ihm sich mit der Gesellschaft einläßt, würde aber dadurch ausgeschlossen werden, daß man den Antragspflichtigen erlaubte, mit Zustimmung sämtlicher Gläubiger und Gesellschafter den Konkursantrag zu unterlassen. Die Strafbestimmung des § 84, die der im öffentlichen und allgemeinen Interesse aufgestellten Antragspflicht allein den erforderlichen Nachdruck zu verleihen imstande ist, würde dann gerade ihren eigentlichen Zweck verfehlen. Ein privates Abkommen würde ein Strafgesetz unwirksam machen; dies ist aber unmöglich.

d) Zulässig sind jedoch Sanierungsversuche gemäß § 11 des Gesetzes, betreffend die gemeinsamen Rechte der Besitzer von Schuldverschreibungen, vom 4. Dezember 1899. Wenn nämlich eine G. m. b. H. Schuldverschreibungen unter Beobachtung der Vorschriften des § 1 dieses Gesetzes ausgegeben hat, kann nach § 11 von der Versammlung der Schuldverschreibungsgläubiger die Aufgabe oder Beschränkung von Rechten der Gläubiger zur Abwendung einer Zahlungseinstellung oder des Konkurses beschlossen werden. Deshalb sind die Antragspflichtigen, sobald sie vom Eintritt eines Konkursgrundes Kenntnis erlangen, verpflichtet, unverzüglich die Berufung der Schuldverschreibungsgläubigerversammlung gemäß §§ 3 ff. des Schuldverschreibungs-Gesetzes zu veranlassen (§§ 43, 71 GG.), falls sie noch nicht erfolgt ist. Bis zur Beschlußfassung der Gläubigerversammlung sind die Geschäftsführer bzw. Liquidatoren dann von der Antragspflicht befreit. Erst wenn die Gläubigerversammlung nicht vermocht hat, die Zahlungseinstellung oder Überschuldung durch einen entsprechenden Beschluß zu beseitigen, sind die Antragspflichtigen gehalten, den Eröffnungsantrag zu stellen. Hierbei ist jedoch folgendes zu beobachten: Die Beseitigung der Zahlungsunfähigkeit oder der Überschuldung ist nur in einem gesetzlich begrenzten Umfange möglich. Was die Zahlungsunfähigkeit anlangt, so ist zunächst zu sagen, daß sie seitens der Gläubigerversammlung nicht durch Beschaffung flüssiger Mittel behoben werden kann; denn eine Verpflichtung zu Leistungen kann für die Gläubiger durch Beschluß der Gläubigerversammlung nicht begründet werden (§ 1 Abs. 3 des Gesetzes). Vielmehr kann die Abhilfe nur durch Aufgabe oder Beschränkung von Rechten der Gläubiger, insbesondere durch die Ermäßigung des Zinsfußes oder durch die Bewilligung einer Stundung erfolgen (§ 11 d. G.). Bei Überschuldung würde Stundung natürlich nichts helfen; bei ihr bedarf es eines Forderungsnachlasses. In keinem Falle aber kann durch Beschluß der Gläubigerversammlung auf die dem Nennwerte der Schuldverschreibungen entsprechenden Kapitalansprüche verzichtet werden (§ 12 Abs. 3 d. G.). Sonach besteht eine feste Grenze für das mögliche Höchstmaß eines Forderungserlasses. Der Antragspflichtige kann also ganz genau berechnen, wieviel der Erlaß im günstigsten Falle betragen wird, und ob die Überschuldung durch ihn beseitigt werden wird. Findet der Antragspflichtige so, daß eine Beseitigung der Überschuldung auch im günstigsten Falle durch den Gläubigerbeschluß nicht erreicht werden kann, so ist er von vornherein verpflichtet, den Eröffnungsantrag zu stellen, und darf diesen nicht zum Zwecke eines Sanierungsversuches durch die Gläubigerversammlung hinausschieben. Im Falle der Zahlungsunfähigkeit muß der Antragspflichtige eine andere Überlegung anstellen. Hier braucht er nicht mit dem höchstens möglichen Erlaß zu rechnen, weil ja die Gläubigerversammlung eine Stundung von beliebiger Dauer beschließen kann, die den Konkursgrund beseitigt. Sondern es kommt darauf an, daß, wenn im günstigsten Falle alle auf den Schuldverschreibungen beruhenden, sofort zu erfüllenden Geldschulden der Gesellschaft infolge Erlasses oder Stundung beseitigt sind, auch im übrigen keine Zahlungsunfähigkeit der Gesellschaft mehr vorliegt. Ist dies nicht der Fall, weiß der Antragspflichtige also, daß auch nach dem günstigsten Gläubigerbeschlusse noch andere sofort zu erfüllende Geldschulden vorhanden sein werden, die wegen des voraussichtlich dauernden Mangels an Zahlungsmitteln im wesentlichen nicht berichtigt werden können, so muß er ebenfalls von vornherein den Konkursantrag stellen und darf keinen Sanierungsversuch machen. In jedem Falle ist er wegen einer Verletzung der Antragspflicht strafbar. Selbstverständlich ist der Antragspflichtige, wenn er einen erlaubten Sanierungsversuch durch Einberufung der Gläubigerversammlung eingeleitet hat, auch berechtigt, wegen der anderen Gesellschaftsschulden, die nicht auf Schuldverschreibungen beruhen, Sanierungsversuche anzustellen. Nehmen diese einen günstigen Verlauf, so ist es möglich, daß es zur Beseitigung des Konkursgrundes gar nicht gerade des günstigsten Beschlusses der Gläubigerversammlung bedarf. Dies wird meist der Fall sein. Stellt sich erst nach der Einberufung der Gläubigerversammlung, aber noch bevor diese den Sanierungsbeschluß gefaßt hat, heraus, daß dieser keinesfalls den Konkursgrund beseitigen kann, so darf der Antragspflichtige nicht erst den Beschluß abwarten, sondern er hat unverzüglich die Konkurseröffnung zu beantragen. Solche Fälle können z. B. durch plötzliche Kursstürze veranlaßt werden.

e) Die Antragspflicht besteht für die Geschäftsführer und Liquidatoren auch dann, wenn bereits von anderer Seite, z. B. von einem Gesellschaftsgläubiger oder von einem Antragspflichtigen der Eröffnungsantrag ordnungsgemäß gestellt worden ist.[1] Staub-Hachenburg[2] will dies nicht so allgemein gelten lassen. M. E. ist der Satz aber doch richtig. Wenn nämlich ein Gläubiger die Konkurseröffnung beantragt, so ist damit noch nicht gesagt, daß das Gericht seinem Antrage stattgibt. Vielleicht gelingt es dem Gläubiger gar nicht, seine Forderung und den Konkursgrund glaubhaft zu machen (§ 105 Abs. 1 KO.). Ferner steht es doch sehr dahin, ob das Gericht durch Gehör der Geschäftsführer bzw. Liquidatoren, oder sofern diese den Konkursgrund nicht zugestehen, durch seine Ermittelungen zum richtigen Ergebnisse

[1] Vgl. RGSt. vom 27. März 1905 in Jurist. Wochenschr. 1905 S. 551.

[2] Staub-Hachenburg, § 64 Anm. 3.

gelangt. Mindestens kann dies Verfahren zu einer erheblichen Verzögerung der Konkurseröffnung führen, und in der Zwischenzeit können bedenkliche Benachteiligungen der Gläubigergesamtheit erfolgen. Auch wenn der Antrag von einem Antragspflichtigen gestellt worden ist, kommt es zu solchen Verzögerungen, falls sich die übrigen Antragspflichtigen dem Antrage nicht alsbald anschließen (§ 63 GG. mit § 208 Abs. 2 KO.). Es hat demnach seinen guten Sinn, daß die Antragspflicht bis zur Konkurseröffnung bestehen bleibt, auch wenn schon von anderer Seite ein Eröffnungsantrag gestellt ist. Dadurch wird nicht nur dem Wortlaut des Gesetzes genügt, sondern es wird dem Schaden vorgebeugt, den die Hinausschiebung der Konkurseröffnung mit sich bringen kann, wenn der zuerst gestellte Antrag abgelehnt wird und der Antragspflichtige nun doch noch die Eröffnung des Verfahrens beantragen muß.

f) Die Antragspflicht besteht auch, wenn der Antragspflichtige weiß, daß eine den Kosten des Verfahrens entsprechende Konkursmasse nicht vorhanden ist. Nicht er hat es in der Hand, den Konkurs auf diese Weise zu vermeiden, sondern allein das Gericht, welches in einem solchen Falle den Eröffnungsantrag abweisen kann (§ 107 Abs. 1 KO.).

3. Die Verletzung der Antragspflicht und ihre Folgen.

A) Die Verletzung der Antragspflicht liegt vor, wenn ein Antragspflichtiger es schuldhaft unterlassen hat, unverzüglich die Konkurseröffnung zu beantragen, sobald er davon Kenntnis erlangt hat, daß Zahlungsunfähigkeit eingetreten ist oder sich aus der Jahresbilanz oder aus einer im Laufe des Geschäftsjahres aufgestellten Bilanz Überschuldung ergeben hat (§§ 64 Abs. 2, 71, 84 GG.; über Einzelheiten vgl. das Vorhergehende). Insbesondere ist die Antragspflicht auch dann verletzt, wenn der Antragspflichtige unerlaubte Sanierungsversuche mit dem Erfolge gemacht hat, daß der Konkursgrund beseitigt worden ist. Strafrechtlich bleibt er in einem solchen Falle immer haftbar, zivilrechtlich jedoch nur insoweit, als die Gesellschaft durch seine Pflichtverletzung geschädigt worden ist (vgl. unten B).

B) Zivilrechtliche Folgen. Die Geschäftsführer bzw. die Liquidatoren sind der Gesellschaft zum Ersatze aller derjenigen Zahlungen verpflichtet, die nach dem Zeitpunkte geleistet worden sind, in dem die Zahlungsunfähigkeit eintrat oder sich aus der Jahresbilanz oder aus einer im Laufe des Geschäftsjahres aufgestellten Bilanz die Überschuldung ergab (§§ 64 Abs. 2, 71 GG.). Es kommen nur „Zahlungen" für diese Ersatzpflicht in Betracht, nicht etwa Leistungen anderer Art.

a) Die Ersatzverbindlichkeit setzt voraus, daß die Stellung des Konkursantrages von den Antragspflichtigen schuldhaft[1] unterlassen worden ist. Das Gesetz sagt zwar davon nichts; aber es ist nicht einzusehen, weshalb die Antragspflichtigen in subjektiver Hinsicht anders behandelt werden sollen als bei jeder anderen Pflichtverletzung, zumal da die gesetzliche Bestimmung in den Fällen, in denen die objektiven Voraussetzungen vorliegen, subjektives Verschulden aber fehlt, allzu hart sein würden.[2]

Die Schuld ist Vorsatz oder Fahrlässigkeit. Die Pflichtverletzung ist eine vorsätzliche, wenn der Antragspflichtige den Antrag mit Willen nicht stellt, obwohl er das Vorliegen einer Voraussetzung der Antragspflicht kennt. Fahrlässige Verletzung der Antragspflicht liegt vor; wenn der Antragspflichtige den Antrag deshalb nicht gestellt hat, weil er den Eintritt der genannten Voraussetzungen nicht kannte, obgleich er ihn bei Anwendung der Sorgfalt eines ordentlichen Geschäftsmannes hätte kennen müssen, oder wenn er die rechtzeitige Antragsstellung trotz Kenntnis des Eintritts eines Konkursgrundes durch eigene Fahrlässigkeit versäumt hat. Dagegen ist der Antragspflichtige schuldlos, wenn die Antragsstellung durch zwingende Umstände, die ihm nicht zur Schuld zugerechnet werden können, verhindert wird. Staub-Hachenburg[3] führt als solche Fälle an, daß dem Antragspflichtigen die Zahlungsunfähigkeit nicht erkennbar war, daß für ihn die sich aus einer im Laufe des Geschäftsjahres aufgestellten Bilanz ergebende Überschuldung deshalb nicht wahrnehmbar

[1] Staub-Hachenburg, § 64 Anm. 6; Liebmann, S. 175; Neukamp, S. 295; Jaeger, §§ 207, 208 Anm. 6.

[2] Staub-Hachenburg, a. a. O.

[3] Staub-Hachenburg, a. a. O.

war, weil er sich zu dieser Zeit gerade auf einer Geschäftsreise in einem fernen Erdteil befand oder weil er von seinen Mitantragspflichtigen über das Vorhandensein von Mitteln oder über die wahre Gestaltung der Bilanz, etwa durch Vorlegung einer anderen, gefärbten oder gefälschten Bilanz getäuscht wurde. Ein anderer Fall ist der, daß der Antragspflichtige, nachdem er vom Eintritt des Konkursgrundes Kenntnis erhalten hat, so schwer erkrankt, daß er zur Antragsstellung außer stande ist. Für die Schuldfrage ist es gleichgültig, ob der Antragspflichtige selbst oder ein anderer die in Frage kommenden Zahlungen geleistet hat.[1] Allein der Umstand, daß der Antragspflichtige den Antrag schuldhaft nicht gestellt hat, begründet die Ersatzpflicht.

Durch die Übergehung des Schuldmomentes im Gesetz ist die Beweislast stillschweigend geregelt.[2] Der Kläger hat nur zu beweisen, daß die Zahlungen, für die Ersatz verlangt wird, nach dem Eintritte der Zahlungsunfähigkeit oder nach der Feststellung der Überschuldung auf Grund einer im Laufe des Geschäftsjahres aufgestellten Bilanz geleistet worden sind. Der Beklagte kann dagegen seine Schuldlosigkeit einwenden und trägt für sie die Beweislast. Zum Nachweise seiner Schuldlosigkeit muß der Antragspflichtige beweisen, daß er rechtzeitig den Eröffnungsantrag gestellt hat und nicht verhindern konnte, daß doch noch vor der Antragstellung die Zahlungen geleistet worden sind. Der Beweis allein, daß der Antragspflichtige nicht imstande war, die Zahlungen zu verhindern, befreit ihn nicht vom Verschulden. Er hätte eben den Antrag rechtzeitig stellen müssen.

b) Wenn das Gesetz sagt, die Antragspflichtigen sind der Gesellschaft zum Ersatz aller in der in Frage kommenden Zeit geleisteten Zahlungen verpflichtet, so scheint es darnach gar nicht darauf anzukommen, ob durch die Zahlungen ein Schaden entstanden ist oder nicht. Die Tatsache allein, daß die Zahlungen erfolgt sind, nicht der dadurch etwa eingetretene Schaden scheint die Ersatzpflicht zu begründen.[3] Diese Auffassung kann un-

---

[1] A. M. Neukamp, S. 197.

[2] Vgl. Wiesner, S. 321.

[3] So Neukamp, S. 295; Liebmann, S. 176.

möglich richtig sein. Weshalb dort ein Ersatz stattfinden soll, wo kein Verlust vorhanden ist, ist schlechterdings nicht einzusehen. Vielmehr entsteht die Ersatzpflicht nur in den Fällen, in denen durch die Zahlung ein Schaden entstanden ist (vgl. für die Aktiengesellschaft § 241 Abs. 2 u. Abs. 3 Z. 6 HGB.); denn sonst würde der Ersatz für die Zahlung einen Gewinn der Gesellschaft auf Kosten der Ersatzpflichtigen darstellen, aber keinen „Ersatz." Ebenso weist auf das Erfordernis des Schadens hin, daß in § 64 Abs. 2 GG. der § 43 Abs. 3 u. 4 GG. angezogen ist, der nach § 43 Abs. 2 einen Schaden voraussetzt. Es fragt sich nun, wer durch die Zahlung geschädigt sein muß. Es kann nämlich vorkommen, daß durch die Zahlung die Gesellschaft gar nicht geschädigt wird, weil z. B. dadurch eine Schuld erlischt, daß aber durch die Zahlung die Gläubigerschaft geschädigt wird, weil die Zahlung eine Verminderung der Konkursmasse zugunsten eines einzelnen Gläubigers und zum Nachteile der übrigen darstellt. Ist dagegen für die Zahlung eine vollwertige Gegenleistung z. B. in Waren geleistet worden, so ist weder die Gesellschaft noch die Gläubigerschaft geschädigt, da die Konkursmasse nicht verringert worden ist. Eine nicht vollwertige Gegenleistung schädigt sowohl die Gesellschaft als auch die Gesamtheit der Gläubiger. Wer soll durch die Vorschrift des § 64 Abs. 2 GG. geschützt werden, in wessen Interesse ist sie aufgestellt? Soweit das Interesse der Gesellschaft in Betracht kommt, ist der § 64 Abs. 2 überflüssig; denn der Gesellschaft haften die Antragspflichtigen bei einer schuldhaften Verletzung der Antragspflicht wegen des durch die Zahlungen entstandenen Schadens schon auf Grund der §§ 64 Abs. 1, 43 Abs. 1, 71 Abs. 1 GG., weil sie in den Angelegenheiten der Gesellschaft nicht die Sorgfalt eines ordentlichen Geschäftsmannes angewendet haben. Die Vorschrift des § 64 Abs. 2 GG. kann also nur im Interesse der Gesellschaftsgläubiger aufgestellt worden sein. Ohne diese Bestimmung würde der Antragspflichtige nur der Gesellschaft haften. Für die Fälle, in denen die Gesellschaft durch die Zahlung an ihre Gläubiger nicht benachteiligt ist, wird hier der Antragspflichtige gegenüber der Gläubigergesamtheit haftbar gemacht.[1] Die Frage, ob im

[1] Staub-Hachenburg, § 64 Anm. 7.

einzelnen Falle Ersatz zu leisten ist, ist also so zu stellen: Ist durch die Zahlung eine Herabminderung der Konkursmasse zum Schaden der Gläubigergesamtheit erfolgt? Nur wenn dies zutrifft, tritt die Ersatzpflicht ein. „Hieraus folgt[1] zunächst, daß der Antragspflichtige die Quote an der Ersatzleistung kürzen darf, die der von ihm unstatthaft befriedigte Gläubiger" im Konkurs erhalten haben würde. „Die Mehrleistung wäre kein Ersatz für die Gesellschaft, sondern ein Gewinn. Er darf ferner die Beträge kürzen, die erst durch seine Zahlung in die Gesellschaft kamen, auch wenn es der Gesellschaft vorteilhafter wäre, statt der in der Masse befindlichen, beim Spediteur und Frachtführer eingelösten Waren das Geld zu haben. Er hat also, wenn die Ware minderwertig ist, die Differenz zu begleichen. Nicht aber haftet er dafür, daß bei einer Verwertung ein Verlust entsteht."

c) Obwohl die Ersatzpflicht des § 64 Abs. 2 nur im Interesse der Gesellschaftsgläubiger geschaffen worden ist, kann sie nicht von diesen geltend gemacht werden. Die Antragspflichtigen sind nicht den Gläubigern ersatzpflichtig, sondern der Gesellschaft. Die Geltendmachung des Ersatzanspruches im Konkurse erfolgt durch den Konkursverwalter (§ 6 KO.). Die Gläubiger einer Aktiengesellschaft sind in dieser Beziehung besser gestellt. Sie haben, falls sie von der Gesellschaft keine Befriedigung erlangen können, einen unmittelbaren Anspruch gegen die Ersatzpflichtigen (§ 241 Abs. 4 mit Abs. 3 Z. 6 HGB.).

Der Umstand, daß das Gesetz den Ersatzanspruch nur von der Leistung der Zahlungen abhängig macht, ohne hinzuzufügen, daß auch ein Schaden vorhanden sein müsse, bewirkt, daß im Prozeß der Schaden nicht vom Kläger zu behaupten und zu beweisen ist, sondern daß der Beklagte einwenden muß, es sei kein Schaden oder doch nur ein geringerer als der geltend gemachte durch die Zahlungen verursacht worden; die Beweislast dafür trägt infolgedessen der Beklagte.

Von großer praktischer Bedeutung ist die Frage, ob der Ersatzanspruch des § 64 Abs. 2 GG. immer ohne weiteres geltend gemacht werden darf, oder ob die Gesellschaft den Antrags-

---

[1] Staub-Hachenburg, a. a. O.

pflichtigen erst in Anspruch nehmen darf, wenn sie vom Zahlungsempfänger keinen Ersatz erlangen kann. Es wird nämlich oft möglich sein, die vor der Konkurseröffnung geleisteten Zahlungen im Konkurse nach Maßgabe der §§ 29ff. KO. anzufechten. Kann in einem solchen Falle der Konkursverwalter nach Belieben den Anfechtungsanspruch oder den Ersatzanspruch oder beide zusammen geltend machen? Oder muß er zuerst mit Hilfe des Anfechtungsanspruches Ersatz zu erlangen versuchen? Staub-Hachenburg[1] bemerkt hierzu: „der Ersatzanspruch kann nur verlangt werden, wenn er vom Empfänger nicht zu erreichen ist. Solange die Anfechtung möglich ist, haftet der Geschäftsführer nicht." Im Gesetz steht hiervon gar nichts. Die Geltendmachung des Ersatzanspruchs muß der Gesellschaft demnach ohne Rücksicht darauf zustehen, daß sie wegen derselben Zahlung noch einen Anfechtungsanspruch hat. Es ist ihr anheimgegeben, welchen der beiden Ansprüche sie zuerst geltend machen will.[2] Zu bemerken ist jedoch, daß insoweit kein Ersatzanspruch besteht, als der Anfechtungsanspruch den Schaden mindert. Sache des beklagten Ersatzpflichtigen ist es, dies einzuwenden (vgl. den vorhergehenden Absatz). Passive Streitgenossenschaft des Ersatzpflichtigen und des Anfechtungsbeklagten ist ausgeschlossen, da beide weder in Ansehung des Streitgegenstandes in Rechtsgemeinschaft stehen, noch aus demselben tatsächlichen und rechtlichen Grunde verpflichtet sind, noch gleichartige und auf einem im wesentlichen gleichartigen tatsächlichen und rechtlichen Grunde beruhende Verpflichtungen den Gegenstand des Rechtsstreits bilden (§§ 59, 60 ZPO.); denn der Anfechtungsanspruch geht auf Rückgewähr zur Konkursmasse (§ 37 KO.), und der Anspruch aus § 64 Abs. 2 geht auf Schadensersatz. Bei der Geltendmachung des Anfechtungsanspruches handelt der Konkursverwalter als Vertreter der Gläubigergesamtheit (§ 36 KO.), bei der Geltendmachung des Ersatzanspruches als Vertreter der Gesellschaft (§ 6 KO.). Im einzelnen sind nun folgende Hauptfälle möglich.

α) Verfolgt der Konkursverwalter den Anfechtungsanspruch — es kommt besonders der Anspruch aus § 30 KO. in Frage —,

[1] Staub-Hachenburg, § 64 Anm. 7; anders früher Staub.

[2] Wiesner, S. 322; Förtsch, S. 165.

so muß der Anfechtungsbeklagte volle Rückgewähr der Zahlung zur Konkursmasse leisten. Er kann sich nicht darauf berufen, daß der der Gläubigergesamtheit durch die Zahlung an ihn entstandene Schaden schon ganz oder teilweise gedeckt sei oder auf anderem Wege gedeckt werden könnte; denn er hat kein Recht auf vorzugsweise Befriedigung vor seinen Mitgläubigern. Siegt nun der Konkursverwalter im Anfechtungsprozeß und erfolgt Rückgewähr zur Konkursmasse, so wird der durch die Zahlung erwachsene Schaden völlig behoben.

αα) Klagt der Konkursverwalter nun trotzdem auf Ersatz, so kann der Ersatzpflichtige einwenden, daß kein Schaden mehr vorhanden sei, was er allerdings zu beweisen hat. Gelingt der Beweis, so ist der Konkursverwalter mit der Klage abzuweisen.

ββ) Hatte der Ersatzpflichtige bereits Ersatz geleistet, ehe der Anfechtungsbeklagte das Erlangte zur Konkursmasse zurückgewährt hatte, so kann er nun nach der Rückgewähr die Herausgabe des geleisteten Ersatzes wegen ungerechtfertigter Bereicherung von der Gesellschaft verlangen. Denn der rechtliche Grund, d. i. der durch die Zahlung seinerzeit entstandene Schaden, infolgedessen die Gesellschaft vom Ersatzpflichtigen Ersatz erlangt hat, ist später, eben durch die Rückgewähr des vom Anfechtungsgegner Erlangten, wieder weggefallen (§ 812 Abs. 1 S. 2 BGB.). Der Bereicherungsanspruch ist eine Masseschuld (§ 59 Z. 3 KO.).

γγ) War der Ersatzpflichtige vor der Rückgewähr des vom Anfechtungsbeklagten Erlangten bereits zum Ersatz verurteilt, so kann er, wenn nach der Rückgewähr die Zwangsvollstreckung gegen ihn betrieben wird, die den durch das Urteil festgestellten Ersatzanspruch selbst betreffende Einwendung geltend machen, daß der Anspruch auf Ersatz mit der durch die Rückgewähr erfolgten Beseitigung des Schadens erloschen sei. Diese Einwendung ist durch Erhebung der Vollstreckungsgegenklage geltend zu machen.

β) Hat der Konkursverwalter zwar im Anfechtungsprozeß gesiegt, kann aber keine oder nur eine teilweise Rückgewähr zur Konkursmasse erlangt werden, weil der Anfechtungsbeklagte insolvent ist, so besteht, soweit keine Rückgewähr erfolgt ist, der durch die Zahlung entstandene Schaden fort. Insoweit muß also der Ersatzpflichtige der Gesellschaft Ersatz leisten. Insoweit der Ersatzanspruch erloschen ist, gilt das unter α) $\alpha\alpha$—$\gamma\gamma$) Gesagte.

γ) Wenn der Konkursverwalter gegen den Ersatzpflichtigen auf Ersatz klagt, ohne vorher den Anfechtungsschuldner in Anspruch zu nehmen, kann der Ersatzpflichtige einwenden, daß insoweit kein Schaden bestehe, als für die Zahlung ein Anfechtungsanspruch auf Rückgewähr zur Konkursmasse entstanden ist, dessen Geltendmachung voraussichtlich die Rückgewähr zur Folge haben wird. Allerdings trägt dabei der Ersatzpflichtige die oft recht große Bürde der Beweislast dafür, daß der Anfechtungsanspruch entstanden ist, und daß der Anfechtungsschuldner in Vermögensverhältnissen ist, die eine Befriedigung gewährleisten.

Ist ein Anfechtungsrecht vorhanden gewesen, dessen Verfolgung Erfolg versprochen hätte, und kann die Anfechtung deshalb nicht mehr erfolgen, weil der Konkursverwalter es schuldhaft versäumt hat, binnen Jahresfrist seit Konkursöffnung anzufechten (§ 41 KO.), so haftet der Konkursverwalter für den daraus entstandenen Schaden allen Beteiligten (§ 82 KO.), also auch der Gesellschaft als Gemeinschuldnerin. In Höhe dieses Haftungsanspruches ist natürlich gegenüber dem gemäß § 64 Abs. 2 GG. Ersatzpflichtigen kein Schaden vorhanden, sofern nicht der Konkursverwalter zum Ersatze außerstande ist. Auch dies kann der Ersatzpflichtige einwendungsweise geltend machen.

Diese Ausführungen erweisen, daß kein Grund vorliegt, die Haftung des Ersatzpflichtigen überhaupt zu verneinen, solange die Anfechtung noch möglich ist. Er hat seine Pflicht verletzt. Seine Sache ist es, die geeigneten Mittel zu seiner Verteidigung zu finden, wenn er für seine Pflichtverletzung in Anspruch genommen wird. Das Gesetz schützt ihn schon genügend, indem es seine Haftung dadurch abschwächt, daß es ihm ermöglicht, sich durch den Beweis, daß durch seine Pflichtverletzung kein Schaden entstanden sei, von der Haftung zu befreien. Dieser Beweis ist durchaus nicht unerbringbar. Auch in den Fällen unter γ) wird der Nachweis, daß der Anfechtungsanspruch entstanden sei, dem Ersatzpflichtigen in der Regel verhältnismäßig leicht sein, weil dieser als Geschäftsführer oder Liquidator über die für die Anfechtung in Betracht kommenden Umstände bei der Zahlung meist genau unterrichtet sein wird.

d) Die Ersatzpflicht besteht nur bei solchen Zahlungen, die in der Zeit vom Eintritt der Voraussetzungen der Antragspflicht bis zur Konkurseröffnung geleistet worden sind. Zahlungen nach Konkurseröffnung sind, wenn sie nicht vom Konkursverwalter gemacht worden sind, den Konkursgläubigern gegenüber unwirksam (§ 7 KO.).

e) Verzichtleistungen oder Vergleiche des Konkursverwalters in betreff der der Gesellschaft nach § 64 Abs. 2 GG. zustehenden Ersatzansprüche sind unwirksam, soweit der Ersatz zur Befriedigung der Gesellschaftsgläubiger erforderlich ist. Dagegen ist ein Vergleich, den der Ersatzpflichtige im Falle seiner Zahlungsunfähigkeit zur Abwendung oder Beseitigung des Konkursverfahrens mit seinen Gläubigern, zu denen ja die Gesellschaft gehört, abschließt, stets wirksam (§ 64 Abs. 2 S. 2, § 43 Abs. 3 S. 2, § 9 Abs. 2 GG.). Ferner wird, soweit der Ersatz zur Befriedigung der Gläubiger der Gesellschaft erforderlich ist, die Verpflichtung zum Ersatze dadurch nicht aufgehoben, daß die Ersatzpflichtigen in Befolgung eines Gesellschafterbeschlusses gehandelt haben (§§ 64 Abs. 2 S. 2 mit 43 Abs. 3 S. 3 GG.).

f) Jeder Antragspflichtige, den ein Verschulden trifft, ist ersatzpflichtig. Mehrere Ersatzpflichtige haften solidarisch.[1] Obwohl im § 64 Abs. 2 GG. der § 43 Abs. 2 GG. nicht genannt ist, muß dies gemäß den analogen Bestimmungen im Aktienrechte angenommen werden (vgl. § 241 Abs. 2, Abs. 3 Z. 6 HGB.). Eine Haftung pro parte wäre außerdem unzweckmäßig.

g) Die Ersatzansprüche verjähren in fünf Jahren (§§ 64 Abs. 2 S. 2, 43 Abs. 4 GG.).[2] Eine Erleichterung der Verjährung, insbesondere durch Abkürzung der Verjährungsfrist (§ 225 BGB.), ist unzulässig; denn die genannten Vorschriften sind lediglich im Interesse der Gesellschaftsgläubiger erlassen worden, sie sind also zwingend. Der Beginn der Verjährung fällt mit

---

[1] Staub-Hachenburg, § 64 Anm. 8; Neukamp, S. 295; Wiesner, S. 323.

[2] Staub-Hachenburg, § 43 Anm. 20ff.

der Entstehung des Anspruchs zusammen (§ 198 BGB.), d. i. mit der Zahlung nach Verletzung der Antragspflicht. Die Kenntnis der Gesellschafter oder der Gläubiger von der Zahlung oder die Konkurseröffnung sind nicht maßgebend.

h) Wie schon früher erwähnt, ist die Vorschrift des § 64 Abs. 2 GG. nur im Interesse der Gesellschaftsgläubiger geschaffen worden. Die Gesellschaft selbst ist gegen jeden[1] ihr aus der Verletzung der Antragspflicht entstehenden Schaden, also auch im Falle solcher Zahlungen, soweit die Antragspflichtigen nicht die Sorgfalt eines ordentlichen Geschäftsmannes angewendet haben, schon genügend durch die Bestimmungen der §§ 64 Abs. 1 und 43 GG. geschützt. Diese gewähren der Gesellschaft sogar für über die Zahlung hinausgehenden, weiteren Schaden Schutz. Danach sind die Antragspflichtigen z. B. der Gesellschaft zum Ersatze der Kosten des betreffenden Anfechtungsprozesses verpflichtet, den der Konkursverwalter schuldlos verloren hat.

i) Zugunsten der einzelnen Gesellschafter oder Gesellschaftsgläubiger besteht keine Schadensersatzpflicht der Antragspflichtigen. Insbesondere kann sie nicht aus § 823 Abs. 2 BGB. abgeleitet werden. Denn wenn auch die §§ 64 und 84 GG. den Schutz der Gesellschafter und Gläubiger bezwecken, insofern sie in deren Interesse aufgestellt worden sind, so können sie doch nicht als Schutzgesetze im Sinne des § 823 Abs. 2 BGB. angesehen werden, da der durch sie geübte Schutz nur ein mittelbarer ist.[2]

C) Strafrechtliche Folgen. Der § 84 des Gesetzes bedroht die Antragspflichtigen wegen der Verletzung der Antragspflicht mit Strafe. Jeder einzelne Geschäftsführer und Liquidator ist strafbar, wenn er entgegen den Vorschriften der §§ 64 und 71 GG. den Antrag auf Eröffnung des Konkursverfahrens unterlassen hat. Das Delikt ist Omissivdelikt; ein Gebot ist durch Unterlassung verletzt. Der objektive Tatbestand ist erfüllt, wenn nicht unverzüglich nach dem Eintritte der Voraussetzungen

---

[1] Neukamp, S. 296; Staub-Hachenburg, § 64 Anm. 11.

[2] Staub-Hachenburg, § 64, Anm. 11; RGZ. Bd. 73 S. 30; Wiesner, S. 324; a. M. KG. in Bauers Zeitschr. für Aktiengesellschaften Bd. 13 S. 208; R.G. vom 12. Juni 1906 im Recht 1906 S. 1004 und Liebmann, S. 176.

der Antragspflicht der Antrag vom Antragspflichtigen gestellt worden ist. Ob der Antrag später noch gestellt worden ist oder ob er sich später überhaupt erübrigt hat, weil der Konkursgrund wieder beseitigt worden ist, ist gleichgültig.[1] Ebenso ist es unwesentlich, ob durch die Verletzung der Antragspflicht Schaden entstanden ist. Doch sind solche Umstände bei der Strafzumessung zu berücksichtigen.[2]

Eine Besonderheit zeigt die subjektive Seite des Delikts. Es bleibt nämlich derjenige straflos, bezüglich dessen festgestellt wird, daß der Antrag auf Eröffnung des Konkursverfahrens ohne sein Verschulden unterblieben ist (§ 84 Abs. 3 GG.). Verschulden ist auch hier Vorsatz oder Fahrlässigkeit und liegt unter denselben Umständen vor wie im Falle der zivilrechtlichen Haftung. Wenn nun der Mangel des Verschuldens festgestellt wird, tritt Straflosigkeit ein. Kann aber beim Vorliegen des objektiven Tatbestandes der Mangel des Verschuldens nicht festgestellt werden, so ist der Antragspflichtige selbst dann zu verurteilen, wenn sein Verschulden nicht festgestellt werden kann.[3] Die Bestimmung begründet nicht etwa für den Antragspflichtigen eine Beweislast, sondern sie stellt nur zu seinen Ungunsten eine Präsumtion des Verschuldens auf für den Fall, daß der Mangel des Verschuldens nicht festgestellt werden kann.

Das Delikt ist Vergehen (§ 1 Abs. 2 StGB.) und wird mit Gefängnis von einem Tage bis zu drei Monaten und zugleich mit Geldstrafe von drei bis zu 1000 Mark bestraft (§§ 16, 27 StGB.). Bei mildernden Umständen tritt ausschließlich Geldstrafe ein.

Zuständig ist die Strafkammer (§ 73 Z. 1 GVG.). Doch kann sie bei Eröffnung des Hauptverfahrens auf Antrag der Staatsanwaltschaft die Verhandlung und Entscheidung dem Schöffengerichte überweisen (§ 75 Z. 14 GVG.).

---

[1] Vgl. RGSt. Bd. 44 S. 49.

[2] Förtsch, S. 207.

[3] Staub-Hachenburg, § 84 Anm. 3; Förtsch, S. 208; Liebmann, S. 218.

§ 4.

Die Eröffnung des Konkursverfahrens.[1]

I. Wenn ein Antrag auf Konkurseröffnung eingegangen ist, prüft das Gericht seine Zuständigkeit und das Vorliegen eines Konkursgrundes. Ergibt diese Prüfung, falls der Antrag nur auf einen Konkursgrund gestützt ist, daß nicht dieser, sondern gerade der andere vorliegt, so muß das Gericht trotzdem den Konkurs eröffnen.[2] Das Gericht hat den Antrag natürlich abzuweisen, wenn weder Überschuldung noch Zahlungsunfähigkeit festgestellt werden kann. Ebenso hat es den Antrag abzuweisen, wenn nach seinem Ermessen eine den Kosten des Verfahrens entsprechende Masse zweifellos nicht vorhanden ist (§ 107 Abs. 1 KO.).[3] Insofern ist die vom Gesetz aufgestellte Ermächtigung („kann") des Gerichts zwingend. Läßt sich dagegen die Unzulänglichkeit der Masse zur Kostendeckung nicht zweifellos nachweisen, so steht es im Ermessen des Gerichts, den Antrag abzuweisen. Die Abweisung unterbleibt jedoch, wenn ein zur Deckung der im § 58 Nr. 1, 2 KO. bezeichneten Massekosten ausreichender Geldbetrag vorgeschossen wird (§ 107 Abs. 1 KO.). Kostenschuldner und vorschußpflichtig ist „der Antragsteller" (§ 82 GKG.). Wenn ein Geschäftsführer oder ein Liquidator, also ein Antragspflichtiger, den Antrag stellt, sei es auch nur in seinem eigenen Interesse, um einer Haftung aus § 64 Abs. 2 GG. zu entgehen, dann ist nicht er der Antragsteller im Sinne des GKG., sondern die G. m. b. H. ist als Gemeinschuldnerin Antragstellerin;[4] denn der Antragspflichtige handelt nur als ihr Vertreter und hat nur als solcher Antragsrecht und -pflicht, falls er nicht gleichzeitig Konkursgläubiger ist. Wenn freilich, was wohl kaum vorkommen wird, ein Antragspflichtiger nicht als Vertreter der Gemeinschuldnerin, sondern als Konkursgläubiger den Eröffnungsantrag stellt,

[1] Vgl. für die Aktiengesellschaft: GOLDSTEIN, § 3, 3.

[2] JAEGER, §§ 207, 208 Anm. 3.

[3] JAEGER, § 107 Anm. 1; KOHLER, S. 509ff.

[4] STAUB-HACHENBURG, § 63 Anm. 6; a. M. LG. Hamburg in LZ. 1908 S. 879. Vgl. auch JAEGER, § 103 Anm. 5.

dann ist er persönlich Antragsteller im Sinne des GKG. und infolgedessen auch Kostenschuldner und vorschußpflichtig.

1. Der Eröffnungsantrag eines Gläubigers ist zuzulassen, wenn der Antragsteller sowohl seine Forderung als auch die Zahlungsunfähigkeit oder Überschuldung der G. m. b. H. glaubhaft macht. Nach der Zulassung des Eröffnungsantrages muß das Gericht die Gemeinschuldnerin, d. h. ihre Geschäftsführer bzw. Liquidatoren, hören, soweit nicht öffentliche oder Auslandszustellung erforderlich sein würde. Sofern die Vertreter der Gesellschaft den Konkursgrund oder die Zahlungseinstellung nicht einräumen, ist es Sache des Gerichts, die erforderlichen Ermittelungen anzuordnen (§ 105 KO.).

2. Erfolgt die Stellung des Eröffnungsantrages durch die Gemeinschuldnerin, so kommt es darauf an, ob alle Geschäftsführer bzw. Liquidatoren den Antrag stellen oder nur einzelne von ihnen.

Stellen nämlich alle Geschäftsführer bzw. Liquidatoren den Antrag, so ist er ohne weiteres zuzulassen. Sie haben nur ein Verzeichnis der Gläubiger und Schuldner, sowie eine Vermögensübersicht bei der Antragstellung einzureichen, oder, wenn dies untunlich ist, ohne Verzug nachzuliefern (§ 104 KO.).

Wird dagegen der Antrag nicht von allen Geschäftsführern oder allen Liquidatoren gestellt, so ist er nur zuzulassen, wenn die Zahlungsunfähigkeit oder Überschuldung der Gesellschaft glaubhaft gemacht wird (§ 63 Abs. 2 GG. mit § 208 Abs. 2 S. 1 KO.). Dies gilt selbst dann, wenn die Antragstellung durch Vertreter in der verfassungsmäßigen Zahl stattgefunden hat.[1] Diejenigen der Geschäftsführer bzw. Liquidatoren, die sich an der Antragstellung nicht beteiligt haben, hat das Gericht zu hören; sofern sie den Konkursgrund oder die Zahlungseinstellung nicht einräumen, hat das Gericht die erforderlichen Ermittelungen anzuordnen. Die Anhörung der genannten Personen kann unterbleiben, wenn sie öffentliche oder Auslandszustellung erfordert (§ 63 Abs. 2 GG. mit § 208 Abs. 2 S. 2, § 105 Abs. 2 und 3 KO.).

3. Eine Ausnahme besteht für die österreichische G. m. b. H.,

---

[1] Neukamp, S. 288; Staub-Hachenburg, § 63 Anm. 6.

die im Inlande eine gewerbliche Niederlassung oder doch wenigstens ein mit Wohn- und Wirtschaftsgebäuden versehenes Gut als Eigentümerin, Nutznießerin oder Pächterin bewirtschaftet. Wenn nämlich über diese Gesellschaft im Auslande ein Konkursverfahren eröffnet ist, so bedarf es zur Eröffnung des inländischen Verfahrens in keinem Falle des Nachweises eines Konkursgrundes (§ 238 KO.).

II. Die Auflösung der G. m. b. H. infolge der Eröffnung des Konkursverfahrens (§ 60 Z. 4 GG.) ist nicht,[1] wie es bei den übrigen Auflösungsgründen vorgeschrieben ist, zur Eintragung in das Handelsregister anzumelden (§ 65 Abs. 1 GG.). Diese Anmeldung würde überflüssig sein, weil die Eintragung in das Handelsregister von Amts wegen zu erfolgen hat, sobald das Registergericht von der Konkurseröffnung Kenntnis erlangt (§§ 32 und 6 HGB.).[2] Wodurch das Registergericht von der Konkurseröffnung erfährt, ist gleichültig. In der Regel wird es vom Konkurs der Gesellschaft zuerst durch amtliche Mitteilung Kenntnis erlangen; denn der Gerichtsschreiber des Konkursgerichts hat unter Bezeichnung des Konkursverwalters eine beglaubigte Abschrift der Formel des Eröffnungsbeschlusses dem Registergericht mitzuteilen (§ 112 KO.). Ist die Gesellschaft in den Handelsregistern verschiedener Gerichte eingetragen, weil sie in verschiedenen Gerichtsbezirken einen Sitz hat, so ist der Gerichtsschreiber verpflichtet, jedem Registergerichte eine Mitteilung zu machen. Eine öffentliche Bekanntmachung der Eintragung in das Handelsregister findet nicht statt (§ 32 HGB.). Auch sie würde überflüssig sein, da der Gerichtsschreiber des Konkursgerichts bereits die Formel des Eröffnungsbeschlusses sofort öffentlich bekannt zu machen hat (§ 111 Abs. 1 KO.).

Der den guten Glauben Dritter schützende § 15 HGB. bleibt für die Eintragung der Konkurseröffnung in das Handelsregister außer Anwendung (§ 32 HGB.). Es kommen nur die §§ 6 bis 8 KO. in Betracht.

---

[1] Neukamp, S. 298; Staub-Hachenburg, § 63 Anm. 16; Liebmann, S. 176; Förtsch, S. 164.

[2] Vgl. den früheren Abs. 3 des § 64 GG.

III. Gegen die Entscheidung des Gerichts über den Antrag auf Eröffnung des Konkursverfahrens findet die sofortige Beschwerde statt (§ 73 Abs. 3 KO.). Das Rechtsmittel steht gegen den Eröffnungsbeschluß nur dem Gemeinschuldner, gegen den abweisenden Beschluß nur demjenigen zu, welcher den Eröffnungsantrag gestellt hat (§ 109 KO.).

Die Gemeinschuldnerin, die Gesellschaft, kann die sofortige Beschwerde an und für sich nur durch ihre Vertreter in der verfassungsmäßigen Zahl einlegen. Im Zweifel müßten also alle Geschäftsführer bzw. Liquidatoren das Rechtsmittel einlegen. Abgesehen davon, daß die Einlegung der Beschwerde dann am Willen eines einzigen Vertreters, der anderer Meinung ist, scheitern, zum mindesten aber durch diesen einen verzögert werden könnte, würde es inkonsequent sein, jedem einzelnen Geschäftsführer bzw. Liquidator ein Antragsrecht zu geben, ihm aber das Beschwerderecht abzusprechen.[1] Man muß also jedem einzelnen Geschäftsführer bzw. Liquidator das Recht zur sofortigen Beschwerde zugestehen. Fraglich ist, ob auch derjenige das Beschwerderecht hat, der den Eröffnungsantrag selbst gestellt hat. Doch wird man diese Frage, soweit die Gesellschaft durch die Konkurseröffnung beschwert ist, bejahen müssen;[2] denn wer soll Beschwerde einlegen, wenn die Gesellschaft z. B. nur einen Geschäftsführer hat? Warum soll ein Antragsteller, der nachträglich bemerkt, daß in Wirklichkeit gar kein Konkursgrund vorliegt, kein Beschwerderecht haben? Ein Gesellschafterbeschluß kann die Vertreter der Gesellschaft zwar zum Einlegen der Beschwerde anweisen, aber nicht verpflichten.[3] Die Weigerung des Vertreters kann ein Grund zu seiner Abberufung sein (§§ 38, 46 Z. 5 GG.). Dasselbe gilt von einer solchen Anweisung, die der Aufsichtsrat kraft seiner Überwachungsbefugnis (§ 52 GG. mit § 246 Abs. 1 HGB.) gibt.

Beschwerdeberechtigter als abgewiesener Antragsteller kann ein Gläubiger oder ein Geschäftsführer bzw. Liquidator sein. Da

[1] Jaeger, §§ 207, 208 Anm. 10; Staub-Hachenburg, § 63 Anm. 6; OLG. Rechtsp. Bd. 15 S. 243; Neukamp, S. 288.

[2] Vgl. Jaeger, § 109 Anm. 1; Senst in LZ. 1910 S. 831 ff.

[3] A. M. Wiesner, S. 328.

der Geschäftsführer bzw. Liquidator den Eröffnungsantrag als Vertreter der Gemeinschuldnerin stellt, mithin diese Antragstellerin ist, ist jeder Geschäftsführer bzw. Liquidator berechtigt, als Vertreter der Antragstellerin die sofortige Beschwerde einzulegen, auch wenn er selbst an der Antragstellung gar nicht beteiligt gewesen ist.

Sobald die Aufhebung des Eröffnungsbeschlusses wirksam geworden ist (§§ 74, 109 KO.), macht sie die unmittelbaren gesetzlichen Rechtsfolgen der Konkurseröffnung wieder rückgängig.[1] Die Gesellschaft besteht weiter, als wäre sie niemals in der Auflösung begriffen gewesen.

Sobald die den Eröffnungsbeschluß aufhebende Entscheidung rechtskräftig geworden ist, ist die Aufhebung des Verfahrens öffentlich bekannt zu machen (§ 116 KO.). Die Bekanntmachung erfolgt gemäß § 111 Abs. 2 KO. Ferner muß der Gerichtsschreiber des Konkursgerichts eine beglaubigte Abschrift der Entscheidungsformel dem Registergerichte mitteilen (§ 112 KO.). Dieses trägt die Aufhebung des Eröffnungsbeschlusses von Amts wegen in das Handelsregister ein. Die Eintragung wird nicht öffentlich bekannt gemacht, weil der Aufhebungsbeschluß selbst schon öffentlich bekannt gemacht worden ist. Die Bestimmungen des § 15 HGB. bleiben wiederum außer Anwendung (§ 32 HGB.).

Zweiter Abschnitt.

Die Konkursbeteiligten.

§ 5.

Das Konkursgericht.[2]

Für das Konkursverfahren ist das Amtsgericht ausschließlich zuständig, bei welchem die G. m. b. H. ihre gewerbliche Niederlassung hat (§ 71 KO.), d. i. das Amtsgericht des Ortes, wo die

---

[1] Vgl. Jaeger, § 109 Anm. 4.

[2] Jaeger, §§ 207, 208 Anm. 8; Goldstein, § 3 unter 4; Bett, § 8.

zum unmittelbaren und selbständigen Geschäftsabschluß ermächtigte Betriebsstelle der Gesellschaft sich befindet, die deren Hauptniederlassung ist.[1] Wenn die G. m. b. H. ausnahmsweise keine „gewerbliche“ Niederlassung hat, weil sie z. B. eine Gesellschaft mit idealem Zweck ist, so ist das Amtsgericht ausschließlich zuständig, bei welchem die G. m. b. H. ihren allgemeinen Gerichtsstand hat (§ 71 KO.), d. i. das Amtsgericht des Sitzes der Gesellschaft, welcher sich im Zweifel dort befindet, wo die Verwaltung geführt wird (§ 17 ZPO.).

Die österreichische G. m. b. H. kann im Inlande keinen Sitz, also auch keinen allgemeinen Gerichtsstand haben. Dagegen kann sie im Inlande eine gewerbliche Niederlassung haben. Zuständig für das Konkursverfahren ist dann für die österreichische G. m. b. H. ausschließlich das Gericht der gewerblichen Niederlassung (§ 238 Abs. 1 und § 71 KO.). Hat die österreichische Gesellschaft auch keine gewerbliche Niederlassung im Deutschen Reiche, bewirtschaftet sie aber im Inlande ein mit Wohn- und Wirtschaftsgebäuden versehenes Gut als Eigentümerin, Nutznießerin oder Pächterin, so ist für das Konkursverfahren das Amtsgericht ausschließlich zuständig, in dessen Bezirke sich das Gut befindet (§ 238 Abs. 2 KO.).

§ 6.

Die Gemeinschuldnerin.[2]

I. Gemeinschuldnerin ist die G. m. b. H. Wenn § 60 Z. 4 GG. sagt: Die Gesellschaft wird durch die Eröffnung des Konkursverfahrens aufgelöst, so bedeutet das nicht, daß die Gesellschaft damit aufhört, juristische Person zu sein, denn dann könnte sie ja nicht Gemeinschuldnerin sein. Es bedeutet nur, daß die Gesellschaft in das Auflösungsstadium eintritt. Mit der Konkurseröffnung hört sie auf, ihren bisherigen Zweck, gleichviel, welcher Art er ist, zu verfolgen; sie besteht künftig nur

---

[1] Jaeger, § 71 Anm. 3.

[2] Für den Konkurs der Aktiengesellschaft: Jaeger, §§ 207, 208 Anm. 9 bis 11; Goldstein, §§ 4, 7; Bett, §§ 9, 10.

noch für die Zwecke des Konkurses weiter.[1] Sie ist nicht aufgelöst, sondern erst in der Auflösung begriffen. Ihre Rechtspersönlichkeit verliert sie erst mit der Beendigung des Konkurses bzw. der sich an diesen anschließenden Liquidation. Bis dahin besteht sie als Abwicklungsgesellschaft weiter.[2] Dies geht auch für das Konkursverfahren aus den für die Liquidation geltenden Vorschriften der §§ 66 Abs. 1 und 69 Abs. 1 GG. hervor; denn der Konkurs ist nur eine gesetzlich besonders geregelte Art der Liquidation.

Die Gesellschaft behält also auch nach der Konkurseröffnung ihre Rechte und Pflichten und bleibt Subjekt ihres Vermögens. Ebenso gilt sie auch fernerhin als Handelsgesellschaft im Sinne des Handelsgesetzbuches. Wenn die Gesellschaft bisher ein Handelsgeschäft betrieben hat, so besteht dies auch nach der Konkurseröffnung fort. Auch die Firma bleibt trotz des Konkurses bestehen und kann im Laufe des Verfahrens mit dem Handelsgeschäft (§ 23 HGB.) veräußert werden.[3] Vgl. u. IV C.

Die Konkurseröffnung steht dem Wechsel der Gesellschafter nicht entgegen.[4] Dies ist besonders wichtig wegen der Vererblichkeit der Geschäftsanteile, weniger wegen ihrer Veräußerlichkeit; denn Geschäftsanteile einer im Konkurs befindlichen G. m. b. H. werden in der Regel nicht sehr begehrt sein. Ein Wechsel der Gesellschafter im Konkurse durch Veräußerung von Geschäftsanteilen oder, falls dies nicht im Gesellschaftsvertrage ausgeschlossen ist, von Teilen von Geschäftsanteilen kann zu Bedenken keinen Anlaß geben, weil für rückständige Leistungen auf den Geschäftsanteil der Veräußerer und der Erwerber nebeneinander haften (§ 15 Abs. 1, § 17 Abs. 1 und 6, § 16 Abs. 3 GG.).

Dagegen ist die Schaffung neuer Mitgliedschaften nach Konkurseröffnung unzulässig; sie ist mit dem Konkurszwecke nicht vereinbar. Denn mit dem Beginn des Konkurses hört der bis-

---

[1] RGZ. Bd. 77 S. 154.

[2] Staub-Hachenburg, § 60 Anm. 1 und § 63 Anm. 9; Förtsch, S. 156, 157; Liebmann, S. 167, 168; Neukamp, S. 264, 268; Mat. z. KO. S. 391 (Motive z. KO. S. 442); RGZ. Bd. 14 S. 418 und Bd. 78 S. 93.

[3] Staub-Pinner, HGB. § 22 Anm. 5, 7.

[4] Staub-Hachenburg, § 63 Anm. 13; RGZ. Bd. 64 S. 154.

herige Tätigkeitszweck der Gesellschaft auf. Eine Erhöhung des Stammkapitals aber, die allein neue Mitgliedschaften zu begründen vermag, könnte nur dem Tätigkeitszweck, nicht dem Abwicklungszweck dienen. Deshalb kann eine vor oder im Konkurse beschlossene Stammkapitalserhöhung während des Konkurses nicht in das Handelsregister eingetragen werden.[1] Einer Schaffung neuer Mitgliedschaften durch Stammkapitalserhöhung nach der Fortsetzung der Gesellschaft im Falle eines Zwangsvergleiches oder Konkursverzichtes steht natürlich nichts entgegen (§ 60 Z. 4 GG.).

II. Da die Gesellschaft im Konkurse als juristische Person fortbesteht, muß sie natürlich auch Organe haben, die sie bei der Ausübung ihrer Rechte und Pflichten vertreten.

1. Der Konkursverwalter, der das Verwaltungs- und Verfügungsrecht über das zur Konkursmasse gehörige Vermögen ausübt (§ 6 KO.), ist kein Organ der Gesellschaft.[2] Er ist kein Glied des Gesellschaftsorganismus, sondern ein Zwangsvertreter der Gesellschaft in ihrer Eigenschaft als Gemeinschuldnerin mit einer vom Gesellschaftswillen unabhängigen gesetzlichen Vertretungsmacht; er wirkt zugunsten zweier Interessenkreise, nämlich der Gemeinschuldnerin und der Konkursgläubiger. Vgl. § 6, § 39 und § 29 KO.

2. Für diejenigen Handlungen, die nicht im Machtbereiche des Konkursverwalters liegen, bedarf die Gesellschaft besonderer Organe. In Betracht kommen insbesondere die Handlungen, die das Gesetz dem Gemeinschuldner als solchem im Konkurs zuweist, und ferner solche Handlungen, die mit dem Konkurse selbst gar nichts zu tun haben.[3] Diese können sowohl interne Gesellschaftsangelegenheiten betreffen als auch Angelegenheiten, bei denen die Organe nach außen in Wirksamkeit treten, z. B. die Verwaltung und Verfügung über das konkursfreie Gesellschaftsvermögen, sei es, daß es an sich beschlagsfrei, sei es, daß es vom Verwalter aus der Masse freigegeben oder erst nach Konkursbeginn von der Gesellschaft erworben ist.

---

[1] RGZ. Bd. 77 S. 152 ff.

[2] Staub-Hachenburg, § 63, Anm. 10.

[3] Staub-Hachenburg, § 63 Anm. 12 und 13.

Die Organe der Gesellschaft sind im Konkurs dieselben wie vor der Konkurseröffnung. Sie bestehen ohne Rücksicht auf den Konkurs weiter; es bedarf keiner neuen Bestellung.[1] Bei der Gesellschafterversammlung ist dies selbstverständlich. Das Rechtsverhältnis, in dem die anderen Organe zur Gesellschaft stehen, ist, wenn es unentgeltlich ist, kein Auftrag und, wenn für die Tätigkeit der Organe ein Entgelt gezahlt wird, kein Dienst- oder Werkvertrag zur Besorgung eines von der Gesellschaft übertragenen Geschäftes.[2] Denn es handelt sich, gleichviel ob die Tätigkeit der Organe entgeltlich oder unentgeltlich ist, in jedem Falle um ein ständiges Dienstverhältnis eigener Art, nicht nur um ein Vertragsverhältnis, welches nur die Besorgung eines Geschäfts bezweckt. Und zwar stellt sich dies Dienstverhältnis als ein im Erwerbsgeschäfte der Gemeinschuldnerin angetretenes dar. Auf das Dienstverhältnis ist deshalb nicht § 23 sondern § 22 KO. anzuwenden.[3] Es erlischt nicht von selbst durch die Konkurseröffnung, sondern bleibt trotz dieser bestehen. Die Organe verrichten deshalb auch nach der Konkurseröffnung ihre Obliegenheiten ohne Unterbrechung weiter, nur wird ihr Wirkungskreis durch die Konkurseröffnung insoweit beschränkt, als mit dieser die Befugnis erlischt, das zur Konkursmasse gehörige Gesellschaftsvermögen zu verwalten und über dasselbe zu verfügen (§ 6 KO.). Auch bei Gesellschaften, die nur ideale Zwecke verfolgen, ist § 22 KO. anzuwenden; denn in jedem Falle wird das Dienstverhältnis in einem einem Wirtschaftsbetriebe ähnlichen Betriebe angetreten sein, so daß eine analoge Anwendung des § 22 KO. möglich ist. Das Dienstverhältnis kann von jedem Teile nach der Konkurseröffnung gekündigt werden, sowohl von dem betreffenden Organ als auch vom Konkursverwalter. Die Kündigungsfrist ist die gesetzliche, wenn nicht bei Eingehung des Dienstverhält-

[1] Jaeger, §§ 207, 208 Anm. 9; Goldstein, § 4 unter 2; Wiesner, S. 332; vgl. § 104 Gen.-G.; so auch R.G. vom 12. Mai 1909 in LZ. S. 689f. (Vorstand) und vom 14. Februar 1913 (Aufsichtsrat), noch nicht veröffentlicht.

[2] Vgl. § 662 BGB.; a. M. Kleinfeller, in der DJZ. Bd. 8 S. 23, 24; teilweise auch Bett, S. 39.

[3] LZ. 1909, S. 689 (a. M. OLG. Breslau vom 19. April 1907 in Seuff. Archiv Bd. 62 Nr. 221), LZ. 1910 S. 331.

nisses eine kürzere Frist bedungen war (§ 22 Abs. 1 KO.).[1] Kündigt das Organ, so wird das Dienstverhältnis gelöst. Der Konkursverwalter muß kündigen, wenn aus dem Vorhandensein des betreffenden Organs während des Konkurses, ganz gleich, ob es tätig wird oder nicht, Masseschulden (§ 53 Nr. 2 KO.) erwachsen. Er muß eine Minderung der Konkursmasse durch Gehaltsansprüche der Organe vermeiden. Soweit solche Masseansprüche nicht entstehen können, bedarf es keiner Kündigung, z. B., wenn die Organe für ihre Tätigkeit keine Vergütung zu beanspruchen haben, oder wenn die Vergütung in einem Anteil am Reingewinn besteht, der ja im Konkurs regelmäßig nicht erzielt wird. Die Kündigung des Konkursverwalters gegenüber den Gesellschaftsorganen bringt das Dienstverhältnis nicht zum Erlöschen, wie dies sonst im Falle des § 22 KO., z. B. bei Handlungsgehilfen, geschieht. Denn mit dem Erlöschen des Dienstverhältnisses würde auch das Amt des betreffenden Organs erlöschen. Das darf aber nicht geschehen, weil die Organe auch im Konkurse der Gesellschaft unentbehrlich sind. Der Verwalter kann selbst auch keine neuen Organe bestellen. Deshalb „kann die Kündigung des Verwalters das Dienstverhältnis nicht zum Erlöschen bringen. Sie löst nur die Beziehungen zur Konkursmasse, nicht zur Gesellschaft. Die Wirksamkeit der Kündigung findet ihre Grenze in der Zuständigkeit des Konkursverwalters." Die Gesellschaft selbst kann ihre Organe auch während des Konkurses abberufen, z. B. Geschäftsführer und Aufsichtsratsmitglieder (§§ 38, 46 Z. 5, 52 Abs. 1 GG. mit § 243 Abs. 4 HGB.), und durch andere ersetzen. Auch nach der Kündigung durch den Konkursverwalter sind die Organe berufen, die Rechte und Obliegenheiten der Gesellschaft als Gemeinschuldnerin wahrzunehmen, es sei denn, daß sie selbst das Dienstverhältnis zur Gesellschaft lösen oder abberufen werden. Die bei der Konkurseröffnung begründete Auskunftspflicht (§ 100 KO.) dauert selbst dann noch fort.[2]

---

[1] Mot. z. KO. S. 443; Staub-Hachenburg, § 35 Anm. 67. Für die Aktiengesellschaft: R.G. vom 12. Mai 1909 in LZ. 1909 S. 689 (Vorstand); anders neuerdings R.G. vom 14. Februar 1913 (Aufsichtsrat), wogegen Jaeger, LZ. 1913 S. 355ff., der auch zum folgenden zu vergleichen ist.

[2] Jaeger a. a. O. S. 361.

Demnach bleiben die Geschäftsführer auch im Konkurse Organe der Gesellschaft. Befand sich die Gemeinschuldnerin zur Zeit der Konkurseröffnung in Liquidation, so fungieren die Liquidatoren im Konkurse weiter. Daß die Gesellschafterversammlung fortbesteht, versteht sich von selbst. Auch der Aufsichtsrat, wenn ein solcher nach dem Gesellschaftsvertrage besteht, und ähnliche im Gesellschaftsvertrage etwa vorgesehene Organe (Beirat, Obmann, Delegierte) behalten ihre Stellung. Organe, bei deren Bestellung ausdrücklich vereinbart worden ist, daß ihre Stellung nur bis zu einem bestimmten Zeitpunkte oder Ereignis dauern soll, bestehen natürlich nur solange fort, wie es verabredet ist. Fällt das Ereignis oder der Zeitpunkt mit der Konkurseröffnung zusammen, so endigt die Stellung mit der Konkurseröffnung. So funktionieren z. B. Liquidatoren nicht über den Konkursbeginn hinaus, wenn bei ihrer Bestellung ausgemacht worden ist, daß ihre Stellung mit der Beendigung der Liquidation enden soll, und dieses Ende durch Konkurseröffnung eintritt;[1] denn durch die Konkurseröffnung wird die Liquidation formell beendet, weil der Konkurs ein besonderes Verfahren ist. Daher wird regelmäßig bei vertragsmäßiger Bestellung von Liquidatoren die stillschweigende Vereinbarung, daß die Liquidatoren bei Beendigung der Liquidation durch die Konkurseröffnung aus ihrem Amte scheiden, angenommen werden können. Ist die genannte Vereinbarung mit den Liquidatoren dagegen auch nicht stillschweigend getroffen worden, so bleiben sie weiter Liquidatoren, da die Liquidation durch die Konkurseröffnung nur formell, aber nicht materiell beendet ist; denn der Konkurs ist eben nur eine formell besonders geregelte Liquidation. Sind bei der Konkurseröffnung oder während des Konkurses Geschäftsführer bezw. Liquidatoren nicht in der verfassungsmäßigen Zahl vorhanden, so sind sie in der erforderlichen Zahl auf Antrag eines Beteiligten in dringenden Fällen für die Zeit bis zur Hebung des Mangels von dem Amtsgerichte zu bestellen, in dessen Bezirke die G. m. b. H. ihren Sitz hat (§ 29 BGB.).[2] Als Beteiligter ist auch der Konkursverwalter anzusehen.

---

[1] R.G. vom 7. Februar 1911 in LZ. 1911 S. 308.

[2] Staub-Hachenburg, § 63 Anm. 10; Neukamp, S. 296, 297; Liebmann, S. 177; RGZ. Bd. 68 S. 180.

Prokuristen und Handlungsbevollmächtigte behalten ihre Stellung im Falle der Konkurseröffnung nicht. Prokura (§ 48 ff. HGB.) und Handelsvollmacht (§ 54 ff. HGB.) werden regelmäßig auf Grund von Verträgen erteilt, die auf Besorgung von Geschäften gehen. Da diese Verträge mit der Konkurseröffnung über das Vermögen der Gesellschaft enden (§ 23 KO.), erlöschen auch die Prokura und die Handlungsvollmacht der betreffenden Geschäftsbesorger mit dieser Konkurseröffnung.

Wenn im Laufe des Konkursverfahrens ein Personenwechsel in den Stellen der Organe eintritt, haben die Neuwahlen oder Neubestellungen unter den gesetzlichen oder im Gesellschaftsvertrage vorgeschriebenen Voraussetzungen zu erfolgen. Soweit eine Anmeldung der Neugewählten oder Neubestellten in das Handelsregister erforderlich ist, besteht die Anmeldepflicht auch im Konkurse. Für die Kosten der Eintragung eines Personenwechsels der Gesellschaftsorgane in das Handelsregister haftet die Konkursmasse aber nur, wenn der Personenwechsel im Interesse des Konkursverfahrens erfolgt ist. Ist dies nicht der Fall, sondern hat der Personenwechsel lediglich im Interesse der Gesellschaft stattgefunden, dann haftet die Gesellschaft selbst mit ihrem konkursfreien oder erst nach der Konkurseröffnung erworbenen Vermögen, nie die Konkursmasse.[1]

3. Für Vergütungsansprüche der Gesellschaftsorgane[2] gilt folgendes: Maßgebend für die rechtliche Beurteilung des Anspruches im Konkurse ist, ob er vor oder nach der Konkurseröffnung entstanden ist.

Der Vergütungsanspruch für die Tätigkeit bis zur Konkurseröffnung ist eine Konkursforderung. Staub-Hachenburg[3] und Wiesner[4] vertreten mit der herrschenden Lehre die Ansicht, daß dieser Anspruch für das letzte Jahr vor der Eröffnung des Konkursverfahrens sogar eine bevorrechtigte Konkursforderung nach § 61 Z. 1 KO. sei, wenn sich die Organe der Gesellschaft für deren Haushalt, Wirtschaftsbetrieb oder Erwerbsgeschäft zur Leistung

[1] Jahrb. d. Entscheidungen des Kammergerichts, Bd. XXVIII B 47.

[2] Staub-Hachenburg, § 35, Anm. 67; Jaeger, § 22 Anm. 14—16.

[3] Staub-Hachenburg, a. a. O.

[4] Wiesner, S. 333.

von Diensten „verdungen" haben. Solche Organe sollen die Geschäftsführer sein, weil sie in einem gewissen Abhängigkeitsverhältnisse zur Gesellschaft stehen. Das ist nicht richtig: „die Geschäftsführer nehmen als gesetzliche Vertreter mit weitestgehenden Machtbefugnissen eine Stellung ein, die das gerade Gegenteil der in § 61 Z. 1 KO. vorausgesetzten Abhängigkeit bildet. Sie sind die für die Abwirtschaftung verantwortlichen Leiter des Unternehmens. Da wäre es doch recht seltsam, wenn ihre oft sehr hohen Gehaltsansprüche auf Kosten der Gesellschaftsgläubiger auch noch das Konkursvorrecht der ersten Klasse genießen."[1] Ebensowenig steht das Vorrecht den Liquidatoren oder den Aufsichtsratsmitgliedern zu.

Die Ansprüche der Organe für ihre Tätigkeit nach der Konkurseröffnung bis zum Wirksamwerden der Kündigung (s. o. 2) sind Masseschulden, da sie auf zweiseitigen Verträgen beruhen, deren Erfüllung für die Zeit nach der Eröffnung des Verfahrens erfolgen muß (§ 59 Z. 2 KO.). Dies gilt auch insoweit, als die von den Organen geleisteten Dienste nicht im unmittelbaren Interesse der Konkursmasse lagen. Eine Ausnahme ist hinsichtlich solcher Organe zu machen, die erst nach der Konkurseröffnung, und zwar nicht im Interesse der Konkursmasse, sondern lediglich im Interesse der Gemeinschuldnerin bestellt worden sind. Solange diese nicht im Interesse der Masse gehandelt haben, haben sie keinerlei Vergütungsansprüche an die Konkursmasse. Für ihre Ansprüche haftet ihnen nur das konkursfreie und erst nach der Konkurseröffnung erworbene Gesellschaftsvermögen. Masseansprüche können sie nur für der Masse geleistete Dienste geltend machen, solange keine Kündigung erfolgt ist.

Wenn der Konkursverwalter das Dienstverhältnis der Organe kündigt, dann sind sie berechtigt, Ersatz des ihnen durch die Aufhebung des Dienstverhältnisses entstehenden Schadens zu verlangen (§ 22 Abs. 2 KO.). Der Schadensersatzanspruch ist als Konkursforderung geltend zu machen. Den Schaden und seine Höhe hat der Anmelder zu beweisen. Soweit er von der Gesell-

[1] Jaeger, § 61 Anm. 14; Jaeger, LZ. 1913 S. 365f.

schaft eine Vergütung erhält oder eine entsprechend dotierte neue Stelle findet, entsteht durch die Kündigung kein Schaden. Die anzumeldende Schadensforderung entsteht nur, falls der Anmelder für die Vertragszeit keine gleich hohen Vergütungsansprüche zu erwerben vermag. Steht der Eintritt des Schadens noch nicht fest, so kann der Anspruch nicht nach dem Schätzungswerte gemäß § 69 KO., sondern nur gemäß § 67 KO. angemeldet werden.[1] Bestehende Vergütungsansprüche werden durch den Schadensersatzanspruch nicht berührt.

Falls ein Gesellschaftsorgan sein ihm nach § 22 Abs. 1 KO. zustehendes Kündigungsrecht ausübt, ensteht weder für das Organ noch für die Gesellschaft ein Schadensersatzanspruch.

III. Der Konkursverwalter insbesondere.[2]

Die rechtliche Stellung des Konkursverwalters ist im allgemeinen dieselbe wie im Konkurse einer natürlichen Person. Er übt das Verwaltungs- und Verfügungsrecht über das zur Konkursmasse gehörige Gesellschaftsvermögen aus (§ 6 Abs. 2 KO.).

Besonders zu erwähnen ist folgendes:

1. Der Verwalter zieht die Forderungen der Gesellschaft ein. Insbesondere obliegt es ihm, rückständige Einzahlungen auf die Stammeinlagen und Rückstände von Nachschüssen einzutreiben.

2. Der Verwalter hat die Schadensersatzansprüche der Gesellschaft gegen ihre Organe geltend zu machen. Dazu gehören die Ansprüche der Gesellschaft gegen die Personen, die die Gesellschaft zur Eintragung ins Handelsregister angemeldet haben, wegen Unrichtigkeit ihrer Angaben über die auf die Stammeinlagen gemachten Leistungen (§ 9 Abs. 1 GG.); ferner die Ansprüche gegen Geschäftsführer und Liquidatoren auf Schadensersatz, wenn sie in Gesellschaftsangelegenheiten nicht die Sorgfalt eines ordentlichen Geschäftsmannes angewendet haben oder wenn sie nach Eintritt der Pflicht zur Stellung des Antrages auf Konkurseröffnung noch Zahlungen geleistet haben (§§ 43 Abs. 1 u. 2, 64 Abs. 2, 71 Abs. 1 GG.); ferner die Ersatzansprüche gegen

---

[1] A. M. Bauer, Zeitschr. für Aktiengesellschaften 1913 S. 73f.; dagegen Jaeger, § 207, 208 II 1; Jaeger, LZ. S. 362f.

[2] Staub-Hachenburg, § 63 Anm. 11.

die Geschäftsführer, wenn den Bestimmungen des § 30 GG. zuwider Zahlungen aus dem zur Erhaltung des Stammkapitals erforderlichen Vermögen gemacht oder den Bestimmungen des § 33 zuwider eigene Geschäftsanteile der Gesellschaft erworben worden sind (§ 43 Abs. 3 GG.), und schließlich die Schadensersatzansprüche gegen die Mitglieder des Aufsichtsrates, die aus der Nichtanwendung der Sorgfalt eines ordentlichen Geschäftsmannes bei der Erfüllung ihrer Obliegenheiten entstanden sind (§ 52 Abs. 1 GG. mit § 249 Abs. 1 u. 2 HGB.). Alle diese Ansprüche unterliegen ausschließlich der Verfügung des Konkursverwalters,[1] da sie zur Masse gehören; deshalb ist zu ihrer Einziehung weder eine Ermächtigung durch Gesellschafterbeschluß erforderlich, noch kann ein solcher Beschluß den Verwalter zur Einziehung zwingen oder ihn daran hindern.

3. Vergleiche des Konkursverwalters über die Forderungen, zu deren Eintreibung er berechtigt ist, sind wirksam. Seine Vergleiche sind für die Gesellschafter selbst dann bindend, wenn er einen höheren Betrag einfordert, als er zur Deckung der Passiven nötig ist. Ein vorsichtiger Verwalter wird in einem solchen Falle die Genehmigung der Gesellschafter selbst zu erlangen suchen.[2] Auf seine Vergleiche mit Personen, die die Gesellschaft zur Eintragung ins Handelsregister angemeldet haben, über Ersatzansprüche wegen unrichtiger Angaben über die auf die Stammeinlagen gemachten Leistungen findet die Vorschrift des § 9 Abs. 2 GG. keine Anwendung.[3] Ferner steht den Gesellschaftern bei Vergleichen des Konkursverwalters mit den Organen der Gesellschaft auf Grund der §§ 43 Abs. 2 u. 3, 64 Abs. 2, 71 Abs. 1 und 52 Abs. 1 GG. mit § 249 Abs. 2 HGB kein Widerspruchsrecht zu.[4] Der Grund hierfür ist, daß die Geltendmachung der genannten Regreßansprüche im Konkurse allein dem Verwalter zusteht.

Aus demselben Grunde (§ 6 KO.) steht die Entlastung der

---

[1] Vgl. Staub-Hachenburg, § 9 Anm. 4.
[2] Staub-Hachenburg, § 63 Anm. 11.
[3] Staub-Hachenburg a. a. O.
[4] Staub-Hachenburg, § 43 Anm. 8, § 64 Anm. 9.

Gesellschaftsorgane im Konkurse, z. B. der Aufsichtsratsmitglieder,[1] soweit sie auf besonderen Schadensersatzansprüchen der Gesellschaft beruht, dem Verwalter zu, der mit der Konkurseröffnung die Verfügungsmacht über diese Ansprüche erlangt hat.

4. Dem Verwalter steht auch das Recht zu, einen Rechtsanwalt oder Notar, der für die G. m. b. H. Rechtsstreitigkeiten geführt oder Rechtsgeschäfte beurkundet hat, von der Verpflichtung zur Verschwiegenheit zu entbinden (§§ 338 Z. 5, 385 Abs. 2 ZPO.), soweit die Schweigepflicht massezugehörige Rechtsverhältnisse betrifft.[2] Im übrigen steht dieses Recht den Geschäftsführern bzw. Liquidatoren der Gesellschaft zu.

5. Eigenartig geregelt sind die Befugnisse des Konkursverwalters bei einem Gesellschafterwechsel durch Veräußerung der Geschäftsanteile. Nach § 15 Abs. 5 GG. kann der Gesellschaftsvertrag die Abtretung der Geschäftsanteile von der Genehmigung der Gesellschaft abhängig machen. Und nach § 17 Abs. 1 u. 2 GG. kann die auch im Konkurse zulässige Veräußerung von Teilen eines Geschäftsanteiles nur mit schriftlicher Genehmigung der Gesellschaft stattfinden. Die Genehmigung der Abtretung und Teilung eines Geschäftsanteiles ist im Innenverhältnisse ein gesellschaftsrechtlicher Akt.[3] Für diesen ist außerhalb des Konkurses, falls im Gesellschaftsvertrage kein anderes Gesellschaftsorgan dazu bestimmt ist, die Gesellschafterversammlung (§§ 45, 46 Z. 4 GG.) zuständig; gegebenen Falles sind die Gesellschafter in ihrer Gesamtheit zuständig (§ 48 Abs. 2 GG.). Im Konkurse ist für diesen Akt dasselbe Organ zuständig wie außerhalb des Konkurses; nur wenn im Gesellschaftsvertrage die Geschäftsführer oder Liquidatoren oder der Aufsichtsrat[4] als zuständiges Organ bezeichnet sind, geht deren Genehmigungsbefugnis im Konkurse auf den Konkursverwalter über; denn die Qualität der neuen Gesellschafter ist trotz der Schutzvorschrift des § 16 Abs. 3 GG. für die Gesellschaft besonders mit Rücksicht auf ihre eventuelle

[1] LZ. 1911 S. 305.

[2] Jaeger, §§ 207, 208 Anm. 9; a. M. Bett, S. 33, DJZ. 1904 S. 128; Staub-Hachenburg, § 63 Anm. 12; Liebmann, S. 177.

[3] Staub-Hachenburg, § 15 Anm. 52, § 17 Anm. 20, § 46 Z. 4 Anm. 18.

[4] Vgl. RGZ. vom 15. Dez. 1909 in LZ. 1910 S. 139.

Fortsetzung nach dem Konkurse (§ 60 Z. 4 GG.) so wichtig, daß die Genehmigung nicht denjenigen überlassen werden darf, die möglicherweise die Herabwirtschaftung der Gesellschaft verschuldet haben. Die Erteilung der Genehmigung nach außen steht außerhalb des Konkurses, falls im Gesellschaftsvertrage keine andere Bestimmung getroffen ist, den Geschäftsführern [1] bzw. Liquidatoren zu (§§ 35, 70 GG.). Im Konkurse tritt an deren Stelle der Konkursverwalter.[2] Für die Fälle, in denen er bereits zur Genehmigung im Innenverhältnisse zuständig war, ist dies selbstverständlich. Falls die Genehmigung erst nachträglich erteilt wird, steht sie im Konkurse dem Konkursverwalter zu.[3]

Im Bereiche seines Verwaltungs- und Verfügungsrechtes über das zur Konkursmasse gehörige Gesellschaftsvermögen (§ 6 Abs. 2 KO.) ist der Konkursverwalter im Prozesse aktiv und passiv zur Vertretung der Gesellschaft legitimiert. In manchen Fällen ist es aber nicht leicht, zu entscheiden, ob der Konkursverwalter oder Gesellschaftsorgane als die Vertreter der Gesellschaft in Betracht kommen. Streit herrscht insbesondere darüber, wem für Klagen zur Anfechtung gesetz- oder satzungswidriger Gesellschafterbeschlüsse die Vertretungsmacht zusteht. STAUB-HACHENBURG [4] lehrt, solche Klagen seien nie gegen den Konkursverwalter zu richten, da es sich um einen Streit über innere Angelegenheiten der Gesellschaft handele. Die Klagen seien vielmehr gegen die Geschäftsführer bzw. Liquidatoren zu richten; nötigenfalls müsse der Gesellschaft ein besonderer Vertreter bestellt werden. Der Konkursverwalter könne nur, soweit er am Ausgange des Prozesses interessiert sei, intervenieren, so z. B., wenn die Gesellschafter die Einforderung von Nachschüssen beschlossen haben und nun wegen eines Verstoßes gegen die gesetzlichen oder statutarischen Vorschriften die Anfechtung erfolge. Diese Ansicht kann nicht gebilligt werden. Daß die Anfechtungsklage deshalb nicht zur Zuständigkeit des Verwalters gehöre, weil sie nicht

---

[1] STAUB-HACHENBURG, § 17 Anm. 19.

[2] RGZ. Bd. 64 S. 153, 154; a. M. OLG. Dresden vom 26. Oktober 1909 in den Annalen d. Sächs. OLG.

[3] STAUB-HACHENBURG, § 15 Anm. 56; vgl. RGZ. a. a. O.

[4] STAUB-HACHENBURG, § 45 Anm. 26.

vermögensrechtlicher Natur sei,[1] kann ebenfalls nicht zugegeben werden. Es ist vielmehr ganz nach der Lage des einzelnen Falles zu entscheiden, ob dem Konkursverwalter die Vertretungsmacht zusteht. Es kommt darauf an, ob der anzufechtende Beschluß „zu einer Mehrung oder Minderung der Teilungs- oder Schuldenmasse" führt.[2] Ist dies der Fall, so vertritt der Konkursverwalter die Gesellschaft; andernfalls sind Gesellschaftsvertreter die Gesellschaftsorgane, also die Geschäftsführer bzw. Liquidatoren oder gegebenenfalls ein besonders bestellter Vertreter. So „muß die Bekämpfung eines Beschlusses, die im Erfolg der Konkursmasse einen Wert erhält oder zuführt oder aber ihre Minderung, Belastung, Verpflichtung herbeiführt, ausschließlich vom Konkursverwalter ausgehen oder ausschließlich gegen ihn erhoben werden." Die Anfechtungsklage des Verwalters wirkt für die Konkursmasse und geht gegen die betreffenden Gesellschaftsorgane. Auch die Anfechtung eines Beschlusses der Gesellschafter, der einem Gesellschaftsorgane Entlastung erteilt oder versagt hat, ist im Konkurse gegen den Verwalter zu richten oder von ihm zu erheben.[3] Wegen der Entlastung von Gesellschaftsorganen, gegen die Schadensersatzansprüche der Gesellschaft bestehen, s. o. 3. a. E.

IV. Die Gesellschaftsorgane insbesondere.

A. Die Geschäftsführer.

1. Der interne gesellschaftliche Wirkungskreis der Geschäftsführer ist im Konkurse ziemlich beschränkt, da auch die innere Verwaltung des zur Konkursmasse gehörigen Vermögens dem Konkursverwalter zusteht. Die Geschäftsführer werden als Vertreter der Gesellschaft tätig, wenn die Gellschafter dieser gegenüber ihre gesellschaftlichen Rechte geltend machen. Solche Rechte sind das Recht auf Berufung der Gesellschaftersversammlung und

[1] So KG. vom 15. Januar 1910, OLG. 21 S. 389f.

[2] So Jaeger, §§ 207, 208 II 1, dessen Ausführungen auch dem Folgenden zugrunde liegen.

[3] A. M. RGZ. 76 S. 244, wogegen Fürst, LZ. S. 513ff. und Wulff, LZ. 1913 S. 177ff.

auf Anerkennung der Mitgliedschaft.[1] Auch wegen der Erteilung der Genehmigung zur Veräußerung eines Geschäftsanteiles oder eines Teiles eines solchen können sich die Gesellschafter, falls sie das dazu zuständige Organ nicht unmittelbar angehen können, an die Geschäftsführer wenden.[2] Diese haben dann die Erteilung der Genehmigung durch das zuständige Organ zu betreiben.

2. Nach außen wird die Gesellschaft im Konkurse durch die Geschäftsführer gerichtlich und außergerichtlich bei allen denjenigen Rechtshandlungen vertreten (§ 35 GG,), die nicht im Machtbereiche des Konkursverwalters liegen. Wenn die Geschäftsführer nach der Eröffnung des Konkursverfahrens noch Rechtshandlungen vornehmen, die die Konkursmasse betreffen, so sind diese den Konkursgläubigern gegenüber unwirksam § 7 KO.). Vor der Konkurseröffnung von den Geschäftsführern vorgenommene Rechtshandlungen sind nach Maßgabe der §§ 29 ff. KO. anfechtbar.

3. Die Ausübung der Rechte und Befugnisse der Gemeinschuldnerin kann nur durch alle Geschäftsführer gemeinschaftlich erfolgen, wenn nicht der Gesellschaftsvertrag abweichende Bestimmungen enthält (§ 35 Abs. 2 KO.). Durch einen Gesellschafterbeschluß werden die Geschäftsführer zur Geltendmachung der Rechte der Gemeinschuldnerin, soweit der Beschluß sie dazu anweist, verpflichtet.[3] Eine Ausnahme besteht jedoch hinsichtlich der der Gemeinschuldnerin zustehenden sofortigen Beschwerde gegen den Eröffnungsbeschluß (§ 109 KO.). Sie steht jedem einzelnen Geschäftsführer ohne Rücksicht auf die Regelung der Vertretung zu (s. o. § 4)[4]. Besonders zu erwähnen ist folgendes:

a) Wenn der Konkursverwalter die Aufnahme eines Rechtsstreites über das zur Konkursmasse gehörige Vermögen, welcher zur Zeit der Konkurseröffnung für die Gemeinschuldnerin anhängig war, ablehnt, können die Geschäftsführer als Vertreter der Gemeinschuldnerin den Rechtsstreit aufnehmen. Ein dahingehender Gesellschafterbeschluß verpflichtet sie dazu. Ist die Klagerhebung durch andere Organe erfolgt, so können diese den Prozeß auf-

---

[1] Staub-Hachenburg, § 63 Anm. 15; Jaeger, §§ 207, 208 Anm. 9.
[2] Staub-Hachenburg a. a. O.
[3] Wiesner, S. 335.
[4] A. M. Goldstein in § 4 unter 3, 1.

nehmen.[1] So z. B. die durch Gesellschafterbeschluß bestimmten Vertreter der Gesellschaft in Prozessen, welche sie gegen die Geschäftsführer zu führen hat (§ 46 Z. 8 GG.), oder falls die Gesellschafter keinen solchen Vertreter bestimmen, und wenn auch der Gesellschaftsvertrag nichts anderes bestimmt, der eventuell vorhandene Aufsichtsrat (§ 52 Abs. 1 GG. mit § 247 HGB.).[2] Wenn der Konkursverwalter die Aufnahme des Rechtsstreits ablehnt, hört der streitige Anspruch auf, zur Konkursmasse zu gehören, und wird konkursfreies Vermögen der Gemeinschuldnerin.[3] Bis zur Konkurseröffnung entstandene Prozeßkosten des Gegners sind Konkursforderungen, die durch den Ausgang des noch schwebenden Prozesses bedingt sind.[4] Für die Aufnahme des Prozesses vgl. § 10 KO. und § 250 ZPO.

Prozesse der Gesellschaft, die das zur Konkursmasse gehörige Vermögen nicht betreffen, werden durch die Konkurseröffnung überhaupt nicht unterbrochen. So z. B. die Klage eines Gesellschafters auf Feststellung seiner Mitgliedschaft und die Nichtigkeitsklage gegen ein Patent.[5] Sie werden von den Geschäftsführern weiter geführt.

b) Als juristische Person ist die G. m. b. H. erbfähig. Die Annahme oder Ausschlagung einer vor der Konkurseröffnung der Gesellschaft angefallene Erbschaft, sowie eines vor diesem Zeitpunkte ihr angefallenen Vermächtnisses steht nur der Gesellschaft zu, nicht dem Konkursverwalter (§ 9 KO.). Falls im Gesellschaftsvertrage für solche Fälle keine besonderen Bestimmungen getroffen sind, müssen die Geschäftsführer, wenn es im Interesse der Gesellschaft erforderlich erscheint, die Gesellschafterversammlung berufen (§ 49 Abs. 2 GG.). Diese entscheidet im Innenverhältnis über die Annahme bzw. Ausschlagung. Nach außen wird die

---

[1] Goldstein, § 4 unter 3, 2.

[2] Liebmann, S. 149; Staub-Hachenburg, § 52 Anm. 45.

[3] RGZ. Bd. 41 S. 135.

[4] OLG. Stuttgart vom 7. Mai 1907 in der Rechtspr. der OLG. Bd. 15 S. 224.

[5] R. Patentamt vom 9. Februar 1904 und RGZ. vom 3. Juni 1905 (Bl. f. Patentrechte 10 S. 213 und 11 S. 184). R. Patentamt vom 6. April 1905 in DJZ. 1906 S. 85.

Gesellschaft bei der Annahme wie bei der Ausschlagung durch die Geschäftsführer vertreten (§ 35 GG.). Diese haben einem diesbezüglichen Gesellschafterbeschlusse Folge zu leisten[1] (§ 37 Abs. 1 u. § 49 Abs. 2 GG.).

c) Der Gemeinschuldnerin stehen eine Anzahl Antragsrechte im Konkurse zu. Diese werden von den Geschäftsführern ausgeübt. Solche Anträge sind der Antrag auf Aufhebung oder Beschränkung des Korrespondenzbeschlages (§ 121 Abs. 2 KO.); der Antrag, das Gericht möge dem Konkursverwalter die Vornahme von Rechtshandlungen untersagen und zur Beschlußfassung über deren Vornahme eine Gläubigerversammlung berufen (§ 135 Abs. 2 KO.); der Antrag auf Aussetzung einer Abschlagsverteilung beim Vorliegen eines Zwangsvergleichsvorschlages (§ 160 KO.); der Antrag auf Erteilung der Wiedereinsetzung in den vorigen Stand, wenn ein oder mehrere oder alle Geschäftsführer den Prüfungstermin versäumt haben, so daß die Gemeinschuldnerin infolge der nicht verfassungsmäßigen Vertretung (§ 35 GG.) die angemeldeten Forderungen nicht bestreiten konnte (§§ 165, 141 Abs. 2, 144 Abs. 2 KO.); der Antrag auf Verbindung des Zwangsvergleichstermins mit dem Prüfungstermin (§ 180 KO.); der Antrag auf einmalige Wiederholung der Abstimmung in einem neuen Termine im Falle des § 182 Abs. 2 KO.; der Antrag auf Einstellung des Verfahrens beim Konkursverzicht (§ 202 KO.).

d) Die Geschäftsführer in ihrer verfassungsmäßigen Zahl sind berechtigt, Einwendungen gegen die Schlußrechnung des Konkursverwalters zu erheben (§ 86 KO.). Sie können die Einsicht und, wenn ihr Inhalt die Konkursmasse nicht betrifft, die Herausgabe der beschlagnahmten Postsendungen verlangen (§ 121 Abs. 1 KO.). Sie sind bei der Aufzeichnung der einzelnen zur Konkursmasse gehörigen Gegenstände durch den Konkursverwalter zuzuziehen, wenn sie ohne Aufschub erlangt werden können (§ 123 Abs. 1 KO.). Und sie können im Prüfungstermine die angemeldeten Forderungen bestreiten (§ 144 Abs. 2 mit § 141 Abs. 2 KO.). Die Bestreitung verhindert weder die Feststellung der Forderung gemäß § 144 Abs. 1 KO. noch die Befriedigung des Gläubigers

---

[1] Staub-Hachenburg, § 37 Anm. 3 und § 46 Anm. 6.

im Konkurse, aber sie hat zur Folge, daß der Gläubiger, dessen Forderung von der Gemeinschuldnerin bestritten worden ist, nach der Beendigung des Konkurses, falls die G. m. b. H. fortgesetzt wird (§ 60 Z. 4 KO.), aus der Eintragung der Forderung in die Konkurstabelle die Zwangsvollstreckung gegen die Gesellschaft nicht betreiben kann (§ 164 Abs. 2 KO.). Solche Gläubiger haben zwar nach dem Konkurse das Recht der freien Nachforderung, aber die Konkurstabelle ist für sie kein Vollstreckungstitel. Wenn ein Rechtsstreit, welcher über die von den Geschäftsführern im Prüfungstermine bestrittene Forderung bei der Konkurseröffnung anhängig war, gegen die Gemeinschuldnerin aufgenommen wird § 144 Abs. 2 KO.), vertreten die Geschäftsführer die Gemeinschuldnerin im Prozesse.

e) Der Vorschlag und Abschluß eines Zwangsvergleiches erfolgt durch die Geschäftsführer (§ 173 KO.). Ihnen steht auch die sofortige Beschwerde gegen den Beschluß zu, durch den der Zwangsvergleich bestätigt oder verworfen wird (§ 189 KO.).

f) Bei Mitteilungen des Konkursverwalters an die Gemeinschuldnerin genügt die Mitteilung an einen der Geschäftsführer (§ 35 Abs. 2 S. 3 GG.). Dies gilt auch bei den Mitteilungen des Konkursverwalters in den Fällen des § 135 KO.

4. Die Pflichten, die der G. m. b. H. als Gemeinschuldnerin obliegen, werden von den Geschäftsführern erfüllt. Und zwar obliegt die Erfüllung der Pflichten jedem einzelnen Geschäftsführer; es bedarf nicht ihres gemeinschaftlichen Zusammenwirkens in verfassungsmäßiger Zahl, weil es sich dabei nicht um Rechtshandlungen und Vertretungsakte handelt.[1] Von den einzelnen Pflichten sind folgende zu erwähnen:

a) Die Pflicht, dem Konkursverwalter, dem Gläubigerausschusse und auf Anordnung des Gerichts der Gläubigerversammlung über alle das Verfahren betreffende Verhältnisse Auskunft zu geben (§ 100 KO.).

b) Der Wohnungszwang (§ 101 KO.). Das Gericht kann die zwangsweise Vorführung eines Geschäftsführers und nach seiner Anhörung die Haft gegen ihn anordnen, wenn er die ihm gesetz-

[1] Mat. z. KO. S. 609, 610 (Kommissionsprotokolle S. 117).

lich obliegenden Pflichten nicht erfüllt, oder wenn es zur Sicherung der Masse notwendig erscheint (§ 101 Abs. 2 KO.).

c) Die Pflicht zur Mitwirkung bei der Aufzeichnung der Konkursmasse (§ 123 KO.).

d) Die Pflicht zur Leistung des Offenbarungseides (§ 125 KO.).

e) Die Pflicht zur Erklärung über angemeldete Forderungen im Prüfungstermine (§ 141 Abs. 2 KO.).

f) Dem Korrespondenzbeschlage[1] gemäß § 121 KO. unterliegen nur Sendungen, die an die Gesellschaft selbst adressiert sind, sei es, daß sie unmittelbar an die Gesellschaftsfirma adressiert sind, sei es, daß sie an einen Geschäftsführer in der Weise adressiert sind, daß aus der Adresse hervorgeht, daß die Sendung an die Gesellschaft und nicht an den Geschäftsführer persönlich gerichtet ist. An die persönliche Adresse des Geschäftsführers gerichtete Sendungen können nicht deshalb beschlagnahmt werden, weil die persönliche Adresse einen Hauptbestandteil der Gesellschaftsadresse darstellt.

5. Die gegen die Gemeinschuldnerin gerichteten Strafbestimmungen der Konkursordnung über den betrüglichen und einfachen Bankerott und über die Gläubigerbegünstigung können nicht analog auf die Geschäftsführer der Gesellschaft angewendet werden, da § 2 StGB. die analoge Anwendung von Strafgesetzen ausschließt. Da man aber die Strafbestimmungen zum Schutze der Gläubiger und Gesellschafter nicht entbehren kann,[2] ist in § 83 GG. besonders bestimmt worden, daß die Strafvorschriften der §§ 239 bis 241 der Konkursordnung auch gegen die Geschäftsführer einer G. m. b. H., die ihre Zahlungen eingestellt hat, oder über deren Vermögen das Konkursverfahren eröffnet worden ist, Anwendung finden, wenn sie in ihrer Eigenschaft als Geschäftsführer die mit Strafe bedrohten Handlungen begangen haben. § 83 GG. ergänzt den § 244 KO. Wenn die Geschäftsführer die unter Strafe gestellten Handlungen nicht in ihrer Eigenschaft als Geschäftsführer begangen haben, trifft sie keine Strafe. So kann ein Geschäftsführer, der gleichzeitig Gesellschafter und schließlich

---

[1] Wiesner, S. 337.

[2] Mot. z. Ges. betr. d. G. m. b. H. S. 92.

einziger Gesellschafter ist, wenn er durch Aufwand übermäßige Summen verbraucht hat, nach § 83 GG. mit § 240 Z. 1 KO. nur bestraft werden, wenn er dabei in seiner Eigenschaft als Geschäftsführer, nicht wenn er nur als Privatmann gehandelt hat.[1] Andere Gesellschaftsorgane (mit Ausnahme der Liquidatoren) und die einzelnen Gesellschafter machen sich durch die Vornahme der genannten Handlungen, soweit sie sie überhaupt vornehmen können (vgl. §§ 239 Abs. 1 Z. 2 und 3, 240 Abs. 1 Z. 2 und 3 KO.), nicht strafbar. Ihre Teilnahme ist nur als Anstiftung oder Beihilfe strafbar; Mittäterschaft ist unmöglich.[2] Die Strafvorschriften greifen auch früheren Geschäftsführern der Gesellschaft gegenüber Platz, die zur Zeit der Zahlungseinstellung oder der Konkurseröffnung nicht mehr Geschäftsführer sind, wenn sie zur Zeit ihrer Geschäftsführung die unter Strafe gestellten Handlungen begangen haben.[3] Die zivilrechtliche Anfechtbarkeit der Wahl oder Bestellung eines Geschäftsführers schützt ihn nicht vor Strafe, wenn er nur für die Gesellschaft als Geschäftsführer tätig gewesen ist.[4]

Auf die einzelnen Konkursdelikte ist hier nicht näher einzugehen, da sie dem allgemeinen Konkursrechte angehören. Nur folgendes sei erwähnt: Die Pflicht zur ordnungsgemäßen Führung von Handelsbüchern (§ 239 Abs. 1 Z. 3 und 4 KO.) obliegt den Geschäftsführern (§ 41 Abs. 1 mit § 13 Abs. 3 GG., §§ 6 Abs. 1, 38 ff. HGB.).[5] Eine vertrags- oder statutenmäßige Entbindung eines Geschäftsführers von der Buchführung kann ihn nicht straflos machen, da ihm das Gesetz die Sorge für eine ordnungsgemäße Buchführung ausdrücklich auferlegt.[6] Auch wenn nur ein Geschäftsführer nach der Geschäftseinteilung mit der Buchführung betraut ist, bleiben die anderen für diese strafrechtlich haftbar.[7] Für die vorgeschriebene Zeit, in der die Bilanzen

---

1 RGSt. Bd. 42 S. 278.

2 Wiesner, S. 338.

3 RGSt. Bd. 39 S. 217; R.G. vom 31. Mai 1907 im Recht 11 Nr. 1937.

4 Staub-Hachenburg, § 83 Anm. 4; RGSt. Bd. 16 S. 270.

5 RGSt. vom 25. Januar 1907 in DJZ. 1907 S. 716.

6 R.G. vom 25. Juni 1908 in Jur. Woch. 1908 S. 604.

7 RGSt. Bd. 13 S. 236 und 356; a. M. RGSt. Bd. 12 S. 78.

zu ziehen sind (§ 240 Abs. 1 Z. 4 KO.), ist hinsichtlich der Eröffnungsbilanz die Vorschrift des § 39 Abs. 1 HGB. maßgebend (§ 13 Abs. 3 GG. mit § 6 Abs. 1 HGB.). Ferner müssen die Geschäftsführer in den ersten drei Monaten des Geschäftsjahres die Bilanz für das verflossene Geschäftsjahr aufstellen. Durch den Gesellschaftsvertrag kann diese Frist bis auf sechs Monate, bei Gesellschaften, deren Unternehmen den Betrieb von Geschäften in überseeischen Gebieten zum Gegenstande hat, bis auf neun Monate verlängert werden. Vgl. § 41 Abs. 2 und 3 GG.

Die Geschäftsführer sind auch strafbar, wenn sie den Bestimmungen des Depotgesetzes zuwiderhandeln und die G. m. b. H. ihre Zahlungen einstellt oder über ihr Vermögen der Konkurs eröffnet wird (§ 12 Abs. 2 des Gesetzes, betr. die Pflichten der Kaufleute bei Aufbewahrung fremder Wertpapiere vom 5. Juli 1896).

Über das besondere Konkursstrafrecht der G. m. b. H. vgl. o. § 3.

6. In bezug auf ihre familienrechtliche und staatsbürgerliche Rechtsstellung erleiden die Geschäftsführer im Konkurse der Gesellschaft keine Einbuße, denn die in dieser Hinsicht sonst eintretenden Beschränkungen setzen eine physische Person als Gemeinschuldnerin voraus.

B. Die Liquidatoren.

Die Liquidatoren haben dieselbe rechtliche Stellung wie die Geschäftsführer.

Bestritten ist, ob es für Mitteilungen an den Gemeinschuldner genügt, wenn diese an einen einzigen Liquidator erfolgen; wie dies bei den Geschäftsführern der Fall ist (§ 35 Abs. 2 S. 3 GG.). Der für die Liquidation geltende § 68 Abs. 1 GG. stimmt mit dem für die Geschäftsführer geltenden § 35 Abs. 2 GG. überein, nur fehlt es an einer dem Satz 3 des § 35 Abs. 2 entsprechenden Bestimmung für die Liquidatoren. Doch ist auf Grund des § 69 Abs. 1 GG. anzunehmen, daß § 35 Abs. 2 S. 3 GG. auf die Liquidatoren entsprechende Anwendung findet.[1]

Die Strafvorschriften der §§ 239 bis 241 der Konkursordnung

[1] Neukamp, S. 309, 310; Staub-Hachenburg, § 68 Anm. 11; a. M. Förtsch, S. 171; Liebmann, S. 182.

finden gegen die Liquidatoren Anwendung, wenn sie die mit Strafe bedrohten Handlungen in ihrer Eigenschaft als Liquidatoren begangen haben (§ 244 KO.). Die Liquidatoren sind Liquidatoren einer Handelsgesellschaft, da die G. m. b. H. als solche gilt (§ 13 Abs. 3 GG.). Da sie somit bereits der Vorschrift des § 244 KO. unterstehen, bedurfte es für sie keiner besonderen Vorschrift wie für die Geschäftsführer.[1] Ihre Erwähnung im § 83 GG. wäre überflüssig gewesen.

C. Die Gesellschafter als Beschlußorgan.

Gesellschafterbeschlüsse sind auch im Konkurse unentbehrlich. Sie werden auch im Konkurse in der Versammlung der Gesellschafter gefaßt. Nur wenn sämtliche Gesellschafter schriftlich mit der zu treffenden Bestimmung oder mit der schriftlichen Abgabe der Stimmen sich einverstanden erklären (§ 48 GG.), erübrigt sich die Abhaltung einer Versammlung.

Die Rechte, die den Gesellschaftern in den Angelegenheiten der Gesellschaft, insbesondere in bezug auf die Führung der Geschäfte zustehen, erleiden durch die Konkurseröffnung insoweit eine Beschränkung, als sie die Verwaltung oder Verfügung über die Konkursmasse betreffen. Denn die Verwaltung und Verfügung über die Masse steht dem Konkursverwalter allein zu. Seine Geschäftsführung untersteht nicht der Prüfung und Überwachung durch die Gesellschafter. Im übrigen stehen die Gesellschafter aber auch im Konkurse an der Spitze der Geschäftsführung.

Der Bestimmung der Gesellschafter unterliegt die Bestellung und Abberufung der Geschäftsführer und sonstigen Organe der Gesellschaft. Inwieweit die Gesellschafter auf Kosten der Konkursmasse mit den Organen Verträge über deren Vergütungsansprüche abschließen können, darüber vgl. o. unter II, 3. Auch die Entlastung der Gesellschaftsorgane obliegt den Gesellschaftern, soweit es sich nicht um zur Konkursmasse gehörige Ansprüche handelt (vgl. o. unter III, 3). Wegen der Teilung von Geschäftsanteilen vgl. o. unter III, 5.

---

[1] Staub-Hachenburg, § 83 Anm. 3; Liebmann, S. 217; Neukamp, S. 371, 372; Förtsch, S. 207; RGSt. Bd. 41 S. 309.

Die Gesellschafter können die Erhöhung des Stammkapitals und die Einforderung von Nachschüssen beschließen.[1]

Ebenso behalten sie das Recht zur Abänderung des Gesellschaftsvertrages (§ 53 GG.). So ist ein Gesellschafterbeschluß unbedingt erforderlich, wenn der Konkursverwalter das von der Gesellschaft betriebene Geschäft mit der Firma veräußern will. Da die Firma wesentlicher Bestandteil des Gesellschaftsvertrages ist (§ 3 Z. 1 GG.), ist eine Abänderung des Gesellschaftsvertrages unerläßlich, wenn die alte Firma mitveräußert werden soll. Zur Veräußerung des Geschäftes bedarf es nur der Tätigkeit des Konkursverwalters; zur Mitveräußerung der Firma bedarf es aber noch des Mitwirkens der Gesellschafter und der Geschäftsführer;[2] jene müssen mittels Firmenänderung den Gesellschaftsvertrag ändern, diese erteilen auf Grund der Statutenänderung dem Erwerber des Geschäftes die Genehmigung zur Führung der Firma.

Ferner obliegt den Gesellschaftern gegebenenfalls die Entscheidung der Frage, ob ein Zwangsvergleich (§ 173 KO.) oder ein außergerichtlicher Vergleich (§ 202 KO.) vorzuschlagen sei.[3]

Befugnisse, die die Konkursmasse berühren, stehen den Gesellschaftern im Konkurse nicht mehr zu,[4] so die Verteilung von Dividenden, die Einforderung von Einzahlungen auf Stammeinlagen, Einziehung von Geschäftsanteilen, Rückzahlung von Nachschüssen, die Geltendmachung von Ersatzansprüchen der in § 46 Z. 8 GG. genannten Art.

D. Der Aufsichtsrat.

Wenn die Gesellschaft einen Aufsichtsrat hat, so behält er auch im Konkurse seine Funktionen. Insbesondere überwacht er die Tätigkeit der Geschäftsführer (§ 52 GG. mit § 246 Abs. 1

---

[1] STAUB-HACHENBURG, § 63 Anm. 13. — Vgl. aber o. I a. E.

[2] STAUB-HACHENBURG, § 63 Anm. 14, § 4 Anm. 17; JAEGER, §§ 207, 208 Anm. 9; beachte jedoch RITTER in LZ. 1910 S. 253 Nr. 1, wonach regelmäßig kein Gesellschafterbeschluß nötig sein würde, da eine Firmenänderung unnötig erscheint, wenn die Gesellschaft nicht mehr in die Lage kommt, die Firma zu gebrauchen. — Diese Ansicht erscheint jedoch nicht zweifelsfrei wegen § 3 Z. 1 GG.

[3] JAEGER a. a. O.

[4] WIESNER, S. 341.

HGB.).[1] Tatsächlich ist seine Tätigkeit nur von geringer Bedeutung; denn soweit die Geschäftsführung die Konkursmasse betrifft, liegt sie im Machtbereiche des Konkursverwalters, so daß der Kreis der Geschäfte, den der Aufsichtsrat zu überwachen hat, nur sehr klein ist.[2] Seiner Pflicht, die Gesellschafterversammlung einzuberufen (§ 52 GG. mit § 246 Abs. 2 HGB.), wenn dies das Interesse der Gesellschaft erfordert, muß der Aufsichtsrat vor allem dann nachkommen, wenn mit der Möglichkeit eines Zwangsvergleiches oder Konkursverzichtes zu rechnen ist.[3] Rechtshandlungen, die der Aufsichtsrat für die Gesellschaft gemäß den §§ 52 GG. und 247 HGB. vornimmt, wirken im Konkurse den Gläubigern gegenüber nur, wenn sie die Konkursmasse nicht berühren; wenn die Rechtshandlungen vor der Eröffnung des Konkursverfahrens erfolgt sind, unterliegen sie der Anfechtung nach Maßgabe der §§ 29 ff. KO.

§ 7.

Die Konkursgläubiger.[4]

I. Konkursgläubiger sind alle persönlichen Gläubiger, denen ein bei der Konkurseröffnung begründeter und aus dem Vermögen der G. m. b. H. zu erfüllender erzwingbarer Anspruch zusteht (§ 3 KO.). Solche Ansprüche können schuld- oder sachenrechtlicher Natur sein, nicht aber familienrechtlicher Natur. Ansprüche erbrechtlicher Herkunft sind auch gegen die G. m. b. H. möglich, so z. B. der Anspruch des Legatars gegen die Gesellschaft als Erbin.

II. Auch die Gesellschafter können Konkursgläubiger sein.

A. Forderungen der Gesellschafter, die nicht aus der Mitgliedschaft entsprungen sind, sondern auf Rechtsgeschäften be-

---

[1] Staub-Hachenburg, § 63 Anm. 12.

[2] R.G. vom 14. Februar 1913.

[3] Bett, S. 43.

[4] Für die Aktiengesellschaft vgl. Jaeger, §§ 207, 208 Anm. 12—16; Bett, §§ 14—17; Goldstein, § 5.

ruhen, die die Gesellschafter als Dritte mit der Gesellschaft geschlossen haben, z. B. Forderungen aus Miet-, Kauf- oder Darlehnsverträgen, sind selbstverständlich Konkursforderungen.

B. Ansprüche der Gesellschafter als solcher dagegen, die aus der Mitgliedschaft entspringen, werden nur unter gesetzlich bestimmten Voraussetzungen zu Konkursforderungen.

1. Der Gesellschafter als solcher ist nicht Konkursgläubiger.[1] Die Stammeinlage kann nicht als Konkursforderung geltend gemacht werden. Denn die Stammeinlagen und die Rückstände auf sie sind der Grundstock der Konkursmasse, die den Gläubigern haftet. Deshalb müssen die Gesellschafter im Konkurse der Gesellschaft leer ausgehen. Erst wenn sich nach Befriedigung der Gläubiger bei der Konkursbeendigung ein Überschuß ergibt, kann er an die Gesellschafter verteilt werden. Dies geschieht in dem sich an den Konkurs anschließenden Liquidationsverfahren. (Vgl. § 73 GG.)

Durch die Leistung der Stammeinlage erwirbt der Gesellschafter kein Forderungsrecht[2] gegen die Gesellschaft; die Stammeinlage ist kein Darlehn. Sie ist ein Aktivum, kein Passivum des Gesellschaftsvermögens. Daß das Stammkapital in der Bilanz unter die Passiva einzureihen ist, ändert daran nichts. Wie schon früher ausgeführt worden ist, gehört das Stammkapital nicht zu den Schulden der Gesellschaft, sondern erscheint nur zur Regulierung der Gewinnverteilung auf der Passivseite der Bilanz.

Insbesondere steht den Gesellschaftern als solchen kein Anspruch auf Reservefonds oder Teile derselben, die aus Gewinnrücklagen bestehen, zu.[3] Vielmehr gehört der Reservefonds in vollem Umfange zur Konkursmasse. Auszunehmen sind davon nur solche Gewinnrücklagen, denen die Gesellschafter ausdrücklich zum Zwecke der Vermeidung des Konkurses zugestimmt haben. Solche Gewinnrücklagen können im Konkurse als Konkursforderungen gemäß § 812 Abs. 1 S. 2 BGB. angemeldet werden.[4]

---

[1] Staub-Hachenburg, § 63 Anm. 15; Jaeger, §§ 207, 208 Anm. 12.

[2] Vgl. RGZ. Bd. 57 S. 415.

[3] Jaeger a. a. O. gegen Burckas, Aktionär und Gläubiger im Konkurse der Aktiengesellschaft 1902.

[4] Jaeger, §§ 207, 208 Anm. 18.

Ebenso können Gesellschafter, die durch betrügerische Handlungen von Gesellschaftsorganen zur Übernahme von Geschäftsanteilen verleitet worden sind, keine Schadensersatzansprüche auf Grund der §§ 31, 823, 826 BGB. als Konkursforderungen anmelden.[1] Sie können für den ihnen durch ihre Beteiligung an der Gesellschaft entstandenen Schaden von der Gesellschaft keinen Ersatz verlangen.

2. Als aus der Mitgliedschaft entsprungene Ansprüche der Gesellschafter, die als Konkursforderungen geltend gemacht werden können, kommen in Betracht Dividendenansprüche, Rückzahlungsansprüche auf Grund einer Herabsetzung des Stammkapitals, Ansprüche auf Rückzahlung von Nachschüssen und Ansprüche auf Grund der Amortisation von Geschäftsanteilen. Über das Antragsrecht der Gesellschafter als Konkursgläubiger vgl. o. § 3 I.

a) Der Anspruch auf die festgestellte Dividende. — Die Gesellschafter haben Anspruch auf den nach der jährlichen Bilanz sich ergebenden Reingewinn, soweit nicht im Gesellschaftsvertrage ein anderes bestimmt ist (§ 29 Abs. 1 GG.). Dieses Dividendenbezugsrecht ist ein Ausfluß des Mitgliedschaftsrechts. Ein Forderungsrecht wird es erst bei Eintritt der gesetzlichen bzw. statutarischen Voraussetzungen:[2] 1. Es muß ein den gesetzlichen Bestimmungen entsprechender, bilanzmäßig nachgewiesener Jahresgewinn vorhanden sein. 2. Gegebenenfalls müssen besondere Bestimmungen des Gesellschaftsvertrages beobachtet sein. 3. Soweit im Gesellschaftsvertrage nichts anderes vorgeschrieben ist, müssen die Gesellschafter die Feststellung der Jahresbilanz und die Verteilung des aus derselben sich ergebenden Reingewinns beschlossen haben (§§ 45, 46 Z. 1 GG.). Bis diese Voraussetzungen erfüllt sind, besteht das Dividendenbezugsrecht nur bedingt. Mit dem Eintritte der genannten Voraussetzungen wird es ein unbedingtes Forderungsrecht.[3] Fehlt es an einer Vor-

[1] Staub-Hachenburg, § 63 Anm. 15; Jaeger, §§ 207, 208 Anm. 12 gegen Burckas a. a. O.

[2] Staub-Hachenburg, § 29 Anm. 1—3.

[3] Staub-Hachenburg, § 29 Anm. 4, 8; Jaeger, §§ 207, 208 Anm. 12; Förtsch, S. 80; Liebmann, S. 85, 174.

aussetzung, ist z. B. die Bilanz fehlerhaft, auf Grund deren die Gewinnverteilung erfolgt, so kann der Gesellschafter seinen Dividendenanspruch gegen die Gesellschaft nicht geltend machen. Ordnungsmäßig festgestellte Dividendenansprüche aber können in jedem Falle als Konkursforderungen angemeldet werden.[1] Ein späterer Gesellschafterbeschluß, daß die Auszahlung der Dividende unterbleiben solle, ist gegen den Forderungsberechtigten nur mit seiner Zustimmung wirksam.

Darauf, ob die Dividende bei der Konkurseröffnung bereits fällig ist, kommt nichts an.[2] Es genügt, daß sie zu dieser Zeit ordnungsmäßig festgestellt ist.

b) Rückzahlungsansprüche auf Grund einer Herabsetzung des Stammkapitals. — Zur Herabsetzung des Stammkapitals ist eine Abänderung des Gesellschaftsvertrages erforderlich (§ 3 Z. 3 GG.). Diese kann nur durch einen Gesellschafterbeschluß erfolgen (§ 53 Abs. 1 GG.). Dabei sind die Bestimmungen des § 58 GG. zu beobachten: Die Geschäftsführer müssen den Herabsetzungsbeschluß dreimal ordnungsgemäß bekannt machen; zugleich müssen die Gläubiger der Gesellschaft aufgefordert werden, sich bei dieser zu melden. Gläubiger, die der Herabsetzung nicht zustimmen, müssen befriedigt oder sichergestellt werden. Die Anmeldung des Herabsetzungsbeschlusses zur Eintragung in das Handelsregister hat unter Beobachtung der Vorschriften des § 58 Z. 4 erst nach Ablauf des Sperrjahres zu erfolgen. Rechtliche Wirkung erlangt die Herabsetzung des Stammkapitals erst mit der Eintragung des Herabsetzungsbeschlusses in das Handelsregister des Sitzes der Gesellschaft (§ 54 Abs. 3 GG.). Mit diesem Zeitpunkt entstehen die Rückzahlungsansprüche der Gesellschafter als Forderungsrechte, wenn das Stammkapital zum Zwecke der Zurückzahlung von Stammeinlagen herabgesetzt worden ist. Die Ansprüche können deshalb nur dann als Konkursforderungen

---

[1] A. M. Neukamp, § 64 Anm. 3, der den Dividendenanspruch überhaupt nicht als Konkursforderung zuläßt, und Staub-Hachenburg (gegen Staub) § 29 Anm. 8, § 30 Anm. 8, § 63 Anm. 3, nach dem bei später eintretender Überschuldung der Dividendenanspruch wegen § 30 Abs. 1 GG. keine Konkursforderung sein kann; vgl. oben § 3 I 1.

[2] Jaeger a. a. O.

geltend gemacht werden, wenn die Gesellschaft erst nach der Eintragung der Herabsetzung in das Handelsregister in Konkurs gerät (§ 3 KO.). Vgl. die anders gerartete Regelung für die Aktiengesellschaft in § 289 HGB. Ist eine der Vorschriften des § 58 GG. nicht beobachtet worden, so hat die Herabsetzung des Stammkapitals trotz der Eintragung in das Handelsregister keine rechtliche Wirkung. Die Rückzahlungsansprüche sind dann keine Konkursforderungen. Eigenartig ist der Fall, daß sich nach der Eintragung in das Handelsregister herausstellt, daß ein Gläubiger, der sich vor Ablauf des Sperrjahres gemeldet und der Herabsetzung widersprochen hat, wegen seines Anspruches weder befriedigt noch sichergestellt worden ist. Dann ist die Wirkung der Eintragung dadurch bedingt, daß der Gläubiger nachträglich befriedigt oder sichergestellt wird und den durch die Verspätung erlittenen Schaden ersetzt erhält. Wird über das Vermögen der Gesellschaft der Konkurs eröffnet, ehe die Herabsetzung bedingungslos wirksam geworden ist, so können die Gesellschafter zwar ihre Rückzahlungsansprüche als Konkursforderungen anmelden, sie kommen aber erst zum Zuge, wenn durch Befriedigung oder Sicherstellung des Gläubigers, eventuell auch durch seine Entschädigung, die Bedingung für die volle Wirksamkeit der Herabsetzung des Stammkapitals erfüllt ist. Ohne ein eigentliches Konkursvorrecht zu haben, gehen so die Gläubiger aus der Zeit vor der Herabsetzung den die Rückzahlungsanprüche geltend machenden Gesellschaftern als Konkursgläubigern vor. Die Gesellschafter sind mit den Gläubigern aus der Zeit nach der Herabsetzung gleichberechtigt, ebenso mit den alten Gläubigern, die der Herabsetzung zugestimmt haben.[1] Wenn die Eintragung der Herabsetzung noch vor Ablauf des Sperrjahres erfolgt ist, so sind die Rückzahlungsansprüche durch den Ablauf des Sperrjahres befristet. Für die Befristung gilt § 65 KO.

c) Ansprüche auf Rückzahlung von Nachschüssen sind Konkursforderungen, wenn sie schon bei der Konkurseröffnung bestanden, d. h. wenn in diesem Zeitpunkte die Erfordernisse des

---

[1] Staub-Hachenburg, § 58 Anm. 39; Jaeger, §§ 207, 208 Anm. 12; Goldstein, § 5 unter 2 b.

§ 30 Abs. 2 GG. schon erfüllt waren. Eingezahlte Nachschüsse können nur zurückgezahlt werden, soweit sie nicht zur Deckung eines Verlustes am Stammkapital erforderlich sind. Die Zurückzahlung darf erst drei Monate nach der ordnungsgemäßen Bekanntmachung des Rückzahlungsbeschlusses erfolgen. Die Rückzahlung ist unzulässig, wenn das Stammkapital noch nicht vollständig eingezahlt ist (§§ 30 Abs. 2, 28 Abs. 2 GG.).

d) Ansprüche aus der Amortisation von Geschäftsanteilen sind ebenfalls als Konkursforderungen anmeldbar. Amortisation ist die Einziehung von Geschäftsanteilen durch die Gesellschaft in der Weise, daß die Anteile und mit ihnen die Mitgliedschaftsrechte untergehen. Für den eingezogenen Geschäftsanteil erwerben die einzelnen Gesellschafter eine gewöhnliche Forderung in der Höhe ihres Anteils gegen die Gesellschaft. Die Amortisation ist an die Vorschriften des § 34 GG. gebunden. Darnach darf sie nur erfolgen, soweit sie im Gesellschaftsvertrage zugelassen ist. Ferner bedarf es zur Amortisation der Zustimmung des Anteilsberechtigten. Ohne dessen Zustimmung kann die Amortisation nur stattfinden, wenn ihre Voraussetzungen vor dem Zeitpunkte, in dem der Berechtigte den Anteil erworben hat, im Gesellschaftsvertrage festgesetzt waren. Ferner darf das zur Erhaltung des Stammkapitals erforderliche Gesellschaftsvermögen zum Zwecke der Amortisation nicht an die Gesellschafter ausgezahlt werden. Die Amortisation erfolgt in Ermangelung anderer Bestimmungen des Gesellschaftsvertrages durch Gesellschafterbeschluß (§§ 45, 46 Z. 4 GG.).

3. Sind die Gesellschafter auf Grund des Gesellschaftsvertrages außer zur Leistung von Kapitaleinlagen noch zu Nebenleistungen verpflichtet (§ 3 Abs. 2 GG.), so regeln sich ihre Ansprüche aus diesen Nebenleistungen nach § 17 KO.[1] Wenn bei der Konkurseröffnung die beiderseitigen Leistungen nicht oder nicht vollständig erfüllt sind, so kann der Konkursverwalter den Vertrag erfüllen und die Erfüllung von den Gesellschaftern verlangen. Die Gesellschafter sind dann Massegläubiger und haben volle Befriedigung zu beanspruchen (§ 59 Z. 2 KO.). Wenn der

---

[1] Staub-Hachenburg, § 63 Anm. 15.

Verwalter die Erfüllung ablehnt, dann erlöschen die künftigen Erfüllungsansprüche für beide Teile. Soweit jedoch die Gesellschafter infolge der Ablehnung Schaden erleiden, steht ihnen ein Schadensersatzanspruch wegen Nichterfüllung des Vertrags zu (§§ 17, 18 KO. arg. e. c.). Hat ein Gesellschafter die ihm obliegende Nebenleistung beim Konkursbeginn bereits vollständig erfüllt, so kann er die Gegenleistung der Gesellschaft nur als Konkursforderung geltend machen.

III. Auch die Inhaber von Genußscheinen können Konkursgläubiger sein.[1] Der Genußschein kann selbständig oder mit einem Geschäftsanteile verknüpft sein. Wenn der Genußschein nicht mit einem Geschäftsanteile verknüpft ist, kann er auf den Inhaber oder auf eine bestimmte Person ausgestellt sein. Soweit die Genußscheine besondere Anteile am Reingewinn gewähren, gilt für sie dasselbe wie für Dividendenforderungen,[2] d. h. die aus ihnen Berechtigten können ihre Ansprüche als Konkursforderungen geltend machen, wenn zur Zeit der Konkurseröffnung der Reingewinn ordnungsgemäß festgestellt war. Ansprüche aus Genußscheinen auf einen Anteil am Liquidationserlös können nicht im Konkurse, sondern erst im Liquidationsverfahren, falls sich ein solches an den Konkurs anschließt, geltend gemacht werden.[3]

IV. Schuldverschreibungen, die die G. m. b. H. ausgegeben hat, sog. Obligationen oder Prioriäten, begründen im Konkurse der Gesellschaft Konkursforderungen. Die Schuldverschreibungen werden regelmäßig auf den Inhaber ausgestellt sein; doch dürfen sie dann, falls sie im Inlande ausgestellt sind, nur mit staatlicher Genehmigung in den Verkehr gebracht werden § 795 BGB.).

1. Für die Besitzer von Schuldverschreibungen hat das Gesetz, betr. die gemeinsamen Rechte der Besitzer von Schuldverschreibungen, vom 4. Dezember 1899 besondere Vorschriften gegeben, von denen sich auch einige auf den Konkurs des Aus-

---

[1] A. M. Staub-Hachenburg, § 14 Exk. Anm. 19ff.

[2] Wiesner, S. 347.

[3] Bett, S. 73, 74.

stellers der Schuldverschreibungen beziehen. Diese Vorschriften gelten auch für die österreichische G. m. b. H, die im Deutschen Reiche eine gewerbliche Niederlassung hat, wenn sie die Schuldverschreibungen im Inlande ausgestellt hat (§ 1 d. G.). Das Gesetz kommt nur zur Anwendung, wenn die Gesellschaft im Inlande mindestens 300 Stück Schuldverschreibungen mit im voraus bestimmten Nennwerten von zusammen mindestens 300000 Mark, die den Gläubigern nach dem Verhältnisse der Nennwerte gleiche Rechte gewähren, ausgestellt hat (§ 1 d. G.). Sind diese Erfordernisse erfüllt, so haben Beschlüsse der Versammlung der Gläubiger aus den Schuldverschreibungen, die zur Wahrung der gemeinsamen Interessen der Gläubiger gefaßt werden, verbindliche Kraft für alle Gläubiger nach Maßgabe des Gesetzes.

a) So kann die Gläubigerversammlung zur Abwendung einer Zahlungseinstellung oder des Konkurses der G. m. b. H. die Aufgabe oder Beschränkung von Rechten der Gläubiger, insbesondere die Ermäßigung des Zinsfußes oder die Bewilligung einer Stundung beschließen. Ein Verzicht der Gläubigerversammlung kann sich nicht auf die dem Nennwerte der Schuldverschreibungen entsprechenden Kapitalansprüche erstrecken (§ 12 Abs. 3 d. G.). Der Beschluß unterliegt den erschwerenden Vorschriften des § 11 und des § 12 d. G. Im Konkurse selbst ist die Aufgabe und Beschränkung von Rechten der Gläubiger durch Beschlüsse der Gläubigerversammlung nicht mehr möglich (§§ 11 Abs. 1 und 18 Abs. 6 d. G.). — Vgl. auch oben § 3 unter II, 2 d.

b) Wenn der Konkurs über das Vermögen der G. m. b. H. eröffnet ist, so ist vom Konkursgerichte unverzüglich nach der Konkurseröffnung eine Versammlung der Schuldverschreibungsgläubiger zu berufen, in der über die Bestellung eines gemeinsamen Vertreters im Konkurse zu beschließen ist. Die Leitung der Versammlung obliegt dem Konkursgerichte. Die Berufung der Versammlung kann unterbleiben, wenn bereits eine Versammlung die Bestellung eines solchen Vertreters beschlossen hat. Im übrigen hat das Konkursgericht die Versammlung der Schuldverschreibungsgläubiger zu berufen, wenn es von Gläubigern, deren Schuldverschreibungen zusammen den 20. Teil des Gesamtbetrages der im Umlaufe befindlichen Schuldverschreibungen erreichen, oder von einem von der Gläubigerversammlung bestellten Gläubigervertreter schriftlich unter Angabe des Zweckes und der Gründe verlangt wird, oder wenn es der Konkursverwalter, der Ausschuß der Konkursgläubiger oder die eventuell vorhandene Aufsichtsbehörde verlangt (§ 18 Abs. 1—4 d. G.).

Durch Beschluß der Gläubigerversammlung kann, soweit der Vertreter zur Geltendmachung der Gläubigerrechte ermächtigt ist, den einzelnen Gläubigern die Befugnis zur Geltendmachung ihrer Rechte entzogen werden (§ 14 d. G.). Die Anmeldung der Konkursforderungen aus den Schuldverschreibungen kann dann nur durch den Vertreter erfolgen. In diesem Falle bedarf es zur Anmeldung der Beifügung der Schuldverschreibungen nicht, wohl aber zur Erhebung der Konkursdividende, die übrigens den Gläubigern auch durch Versammlungsbeschluß nicht verwehrt werden kann (§ 19 d. G.).

Der gemeinsame Vertreter ist berechtigt, der Gesellschafterversammlnng beizuwohnen und sich an ihren Beratungen zu beteiligen. Er hat ein Recht auf Mitteilung der den Gesellschaftern mitzuteilenden Schriftstücke (§ 15 d. G.).

2. Wenn Schuldverschreibungen den Namen Prioritäten erhalten, so bedeutet dies nicht, daß sie bevorrechtigte Konkursforderungen begründen, sondern es bedeutet nur, daß sie den Geschäftsanteilen, die ja gar keine Konkursforderungen begründen, vorgehen.[1]

3. Wenn Schuldverschreibungen verschiedener Emissionen vorhanden sind, so haben die Konkursforderungen aus ihnen gleichen Rang mit den gewöhnlichen Konkursforderungen. Ob den Schuldverschreibungsgläubigern vertragsmäßig Vorrechte vor den Gläubigern einer anderen Emission eingeräumt sind, ist gleichgültig. Da die den Gläubigern der Schuldverschreibungen einer bestimmten Emission gewährten Vorrechte keine gesetzlich anerkannten Konkursvorrechte sind, darf sie der Konkursverwalter nicht berücksichtigen. Natürlich steht nichts im Wege, daß die Gläubiger verschiedener Emissionen sich dahin einigen, daß bei der Verteilung der Konkursdividende eine Emission der

---

[1] Jaeger, §§ 207, 208 III 3.

anderen vorgeht. In einem solchen Falle ist es zweckmäßig, wenn die Gläubiger der ein Vorrecht vereinbarenden Emissionen einen gemeinsamen Vertreter bestellen, der die gesamte auf sie entfallende Konkursdividende in Empfang nimmt, und sie rangmäßig verteilt.[1]

4. Schuldverschreibungen, die durch öffentliche Anleihe ausgegeben sind, gewähren im Konkurse betagte Forderungen, die aber gemäß § 65 Abs. 1 KO. als fällig zu behandeln sind. Bei Schuldverschreibungen, die über oder unter pari ausgegeben worden sind, ist es jedoch zweifelhaft, zu welchem Betrage die durch sie begründete Forderung im Konkurse zu berücksichtigen ist. Da die Forderung als fällig gilt, ist sie zum Nennwerte zu berücksichtigen.[2] Daß dabei die Gläubiger einer Unterpariemission zu gut, die einer Überpariemission zu schlecht wegkommen, läßt sich nicht leugnen. Allein gesetzliche Vorschriften, die erlauben, diesen Gläubigern Zuschläge zum Nennwerte, jenen aber Abzüge vom Nennwerte zu machen, bestehen nicht.

Bei unverzinslichen Schuldverschreibungen ist der Nennwert um den Zwischenzins zu kürzen (§ 65 Abs. 2 KO.). Eine Berechnung des Zwischenzinses ist jedoch unmöglich, wenn der Zeitpunkt der Fälligkeit der Forderung nicht feststeht, wie dies z. B. bei verlosbaren Anleihen der Fall ist. Da es hier an jedem sicheren Anhalte zur Bestimmung eines Schätzungswertes fehlt (§ 69 KO.), muß man die Geltendmachung der Forderung zu ihrem Nennwerte zulassen.[3]

Lotterieanleihen können von Gesellschaften m. b. H. nicht ausgegeben werden (Gesetz vom 8. Juni 1871).

V. Die Rangordnung, nach der die Konkursforderungen berichtigt werden, ist dieselbe wie im Regelkonkurse. Die Konkursvorrechte des § 35 des Hypothekenbankgesetzes und des § 61 des Gesetzes über die privaten Versicherungsunternehmungen kommen für die G. m. b. H. nicht in Betracht; denn diese Unter-

---

[1] JAEGER, §§ 207, 208 Anm. 14; GOLDSTEIN, § 5 unter 3b.

[2] BETT, S. 84ff.; JAEGER, §§ 207, 208 Anm. 15. A. M. GOLDSTEIN, § 5 unter 3c.

[3] JAEGER, §§ 207, 208 Anm. 15. A. M. GOLDSTEIN a. a. O.; BETT, S. 86, 87; WIESNER, S. 349.

nehmungen können nicht in der Form der G. m. b. H. betrieben werden. Unberührt bleiben aber landesgesetzliche Vorschriften, nach denen den Inhabern von Pfandbriefen, die von in der Form der G. m. b. H. betriebenen Kreditanstalten auf Grund von Hypotheken ausgestellt sind, ein Vorrecht vor allen anderen Konkursgläubigern in Ansehung der Befriedigung aus den Hypotheken der Anstalt zusteht. Unberührt bleiben ferner landesgesetzliche Vorschriften, nach denen den Inhabern von Schuldverschreibungen, die von Gesellschaften m. b. H. über ein Anlehen ausgestellt sind, ein Vorrecht vor nicht bevorrechtigten Konkursgläubigern, deren Forderungen später entstehen, dadurch gewährt werden kann, daß die zu bevorrechtigenden Forderungen in ein öffentliches Schuldbuch eingetragen werden. § 17 EG. z. KO.

VI. Für den Fall der Fusion bestehen für die G. m. b. H. keine besonderen Vorschriften. Die Fusion[1] wird deshalb in der Regel so erfolgen, daß die eine Gesellschaft sich auflöst und in Liquidation tritt. Die Liqidatoren übertragen dann das Gesellschaftsvermögen als Ganzes auf die andere Gesellschaft. Beide Gesellschaften können nebeneinander in Konkurs geraten, und zwar die sich auflösende bis zur Beendigung der Liquidation. Beide Konkurse sind voneinander unabhängig. Die Gläubiger der einen Gesellschaft können ihre Forderungen nicht im Konkurse der anderen anmelden.

Dritter Abschnitt.

Die Konkursmasse.

§ 8.

Der Umfang der Masse.[2]

I. Die Konkursmasse begreift das gesamte einer Zwangsvollstreckung unterliegende Vermögen der G. m. b. H., welches

[1] Vgl. Neukamp, S. 174, 275; Liebmann, S. 169; Förtsch, S. 158; Staub-Hachenburg, § 60 Anm. 31.

[2] Vgl. für die Aktiengesellschaft: Jaeger, §§ 207, 208 Anm. 17; Bett, § 11; Goldstein, § 6.

dieser zur Zeit der Konkurseröffnung gehört (§ 1, § 108 KO.). Nicht beschlagfähiges Vermögen wird regelmäßig wenig oder gar keines vorhanden sein. Die Pfändungsverbote der §§ 811, 812, 850 ZPO., die eine Anzahl von Gegenständen von der Zugehörigkeit zur Konkursmasse ausschließen (§ 1 Abs. 1 und 4 KO.), spielen bei der G. m. b. H. deswegen keine Rolle, weil sich diese Bestimmungen nur auf Rechtssubjekte beziehen, die natürliche Personen sind. Aus demselben Grunde ist § 851 ZPO. mit § 1 Abs. 1 KO. für die G. m. b. H. nur von geringer Bedeutung; denn die unübertragbaren Gegenstände, die danach von der Konkursmasse ausgeschlossen sind, haben nach dem bürgerlichen Rechte in den meisten Fällen natürliche Personen als Rechtssubjekte zur Voraussetzung. Doch kann auch die G. m. b. H. Subjekt unübertragbarer Rechte sein, z. B. eines Vorkaufsrechtes nach § 514 BGB.[1] Ein Nießbrauch, der seiner Ausübung nach stets übertragbar ist, gehört zur Konkursmasse (§§ 1059 BGB., 857 ZPO.); er erlischt nicht mit der Konkurseröffnung (§ 60 Z. 4 GG.), sondern erst mit der wirklichen Beendigung der Gesellschaft.

Nach der Konkurseröffnung erworbenes Gesellschaftsvermögen ist konkursfrei (§ 1 Abs. 1 KO.). Doch wird ein größerer Vermögenserwerb nach Konkursbeginn selten sein; denn mit dem Beginne des Konkurses gibt die Gesellschaft ihre Erwerbstätigkeit, falls sie eine solche gehabt hat, auf und besteht nur noch für den Konkurszweck weiter. Da in der Regel auch nach dem Konkurse keine Fortsetzung der Gesellschaft stattfindet, hat diese normalerweise kein Interesse am Erwerbe neuen Vermögens. Ein der Gesellschaft zur Zeit der Konkurseröffnung gehöriges Geschäft gehört zur Konkursmasse und, wenn es fortbetrieben wird, wird es nicht für Rechnung der Gesellschaft, sondern für Rechnung der Masse geführt. Neuerwerb für die Gesellschaft kann hieraus also nicht entstehen. Trotzdem ist es aber nicht ausgeschlossen, daß die Gesellschaft nach der Eröffnung des Konkursverfahrens neues Vermögen erwirbt. Dies kann z. B. durch den Anfall einer Erbschaft oder eines Vermächtnisses oder durch unentgeltliche Zuwendungen Dritter geschehen. Andere

---

[1] Wiesner, S. 350.

Fälle werden im nächsten Paragraphen besprochen werden. Arreste und Zwangsvollstreckungen zugunsten einzelner Konkursgläubiger finden in den konkursfreien Neuerwerb der Gesellschaft nicht statt (§ 14 KO.), nur Zwangsvormerkungen sind den einzelnen Konkursgläubigern gestattet. Über das neuerworbene Gesellschaftsvermögen kann aber ein neuer Konkurs eröffnet werden. An diesem können auch die Gläubiger des ersten Konkurses teilnehmen;[1] doch ist dies sehr bestritten.

II. Eine Minderung der Konkursmasse durch Geltendmachung von Absonderungsrechten erfolgt in derselben Weise wie im Regelkonkurse (§§ 47 ff. KO.). Auch durch Aufrechnung kann eine Minderung der Masse wie im Regelkonkurse erfolgen; nur besteht für rückständige Einzahlungen auf die Stammeinlagen eine Beschränkung (vgl. den nächsten Paragraphen). Da die Gemeinschuldnerin keine natürliche Person ist, können Massekosten durch Bewilligung einer Unterstützung für den Gemeinschuldner und dessen Familie überhaupt nicht entstehen (§ 58 Z. 3 KO.).

Eine Vermehrung der Konkursmasse kann durch Anfechtung von Rechtshandlungen erfolgen, welche von Gesellschaftsorganen vor der Konkurseröffnung vorgenommen worden sind (§§ 29 ff. KO.). Die nur für Gemeinschuldner, die natürliche Personen sind, berechneten Vorschriften der §§ 31 Z. 2, 32 Z. 2 KO. können natürlich keine Anwendung finden. Auch Rechtshandlungen, die Gesellschaftsorgane gegenüber Gesellschaftern vorgenommen haben, sind anfechtbar, so z. B. Ermäßigungen der Beitragspflicht oder Gewinnverteilungen.[2]

§ 9.

Die einzelnen Bestandteile der Konkursmasse.[3]

I. Die Stammeinlagen.

1. Die Gesamtheit der Stammeinlagen, das Stammkapital, ist der Grundstock der Konkursmasse. Eine Gewähr dafür, daß

---

[1] Jaeger, § 1 Anm. 59.

[2] Jaeger, §§ 207, 208 Anm. 17.

[3] Für die Aktiengesellschaft vgl. Jaeger, §§ 207, 208 Anm. 18—20; Bett, §§ 12, 13; Goldstein § 6 unter 2—5.

Werte von der Höhe des im Gesellschaftsvertrage angegebenen Betrages des Stammkapitals in der Konkursmasse vorhanden sind, ist freilich nicht geschaffen.[1] In der Bilanz erscheint das Stammkapital zwar immer in der gleichen im Gesellschaftsvertrage bestimmten Höhe; wie schon mehrfach ausgeführt worden ist, geschieht dies, um einen, dem Stammkapital entsprechenden Teil des Gesellschaftsvermögens von der Gewinnverteilung auszuschließen. In Wirklichkeit ist aber das Stammkapital regelmäßig zum größten Teile zu Anschaffungen für den Betrieb des Unternehmens verwendet worden. Diese haben im Konkurse oft einen viel geringeren als den Anschaffungswert. Daher ist es möglich, daß im Konkurse vom Stammkapital nicht viel mehr vorhanden ist.

2. Rückständige Einzahlungen auf die Stammeinlagen.[2]

a) Daß eine Stammeinlage zur Zeit der Konkurseröffnung noch zum vollen Betrage rückständig ist, ist ausgeschlossen; denn die Anmeldung der G. m. b. H. zum Handelsregister darf nur erfolgen, nachdem von jeder Stammeinlage ein Vierteil, mindestens aber der Betrag von 250 Mark eingezahlt ist (§ 7 Abs. 2 GG.). Immerhin kann aber ein Gesellschafter mit drei Vierteilen des Betrages seiner Stammeinlage im Rückstande sein. Alle Rückstände auf die Stammeinlagen sind Gesellschaftsforderungen; sie sind Aktiva der Konkursmasse. Zu ihrer Einziehung ist deshalb ausschließlich der Konkursverwalter berechtigt (§ 6 Abs. 2 KO.). Nach § 117 Abs. 1 KO. ist er auch dazu verpflichtet. Zur Erhebung der Rückstände bedarf er keiner Mitwirkung von Gesellschaftsorganen, insbesondere keines Gesellschafterbeschlusses[3] gemäß § 46 Z. 2 GG.; denn jede Verfügung über zur Konkursmasse gehörige Vermögensgegenstände steht allein dem Verwalter zu, gleichgültig, welches Gesellschaftsorgan außerhalb des Konkurses verfügungsberechtigt sein würde. Daß es im einzelnen Falle für den Verwalter sehr empfehlenswert sein kann, sich mit der Gesellschafterversammlung zu beraten, ist offensichtlich.[4] Ihre Beschlüsse binden ihn aber nicht.

---

[1] Staub-Hachenburg, Einleitung, Anm. 15—16.

[2] Staub-Hachenburg, § 63 Anm. 11.

[3] Staub-Hachenburg, § 46 Nr. 2 Anm. 15; RGZ. Bd. 76 S. 437; LZ. 1910 S. 331.

[4] Wiesner, S. 353.

Die Einforderung der Rückstände darf nur erfolgen, wenn die Einzahlungen fällig sind. Die Fälligkeit braucht bei der Konkurseröffnung noch nicht vorhanden zu sein; lediglich das Bestehen der Forderung zur Zeit der Konkurseröffnung ist unerläßlich. Wenn die Ansprüche erst später fällig werden, muß der Konkursverwalter erst ihre Fälligkeit abwarten, ehe er sie einziehen kann. Bestimmungen des Gesellschaftsvertrages über die Einzahlung muß der Verwalter respektieren. So ist er z. B. an satzungsmäßige Zahlungstermine gebunden. Sind solche Termine nicht bestimmt, so steht es im Ermessen des Verwalters, zu welchen Zeitpunkten er Zahlungen einfordert. Auch Bestimmungen des Gesellschaftsvertrages, wonach die Einforderung in einer besonderen Form, z. B. durch eingeschriebenen Brief oder durch öffentliche Bekanntmachung erfolgen muß, hat der Verwalter zu beachten.

Der Konkursverwalter ist auch berechtigt, mit den einzelnen Gesellschaftern Vergleiche über die rückständigen Stammeinlagen zu schließen; er kann ihnen Stundung gewähren.

b) Einwendungen der wegen der Rückstände in Anspruch genommenen Gesellschafter.

Die Einwendung der Gesellschafter, daß die Einzahlungen auf die Rückstände wegen der durch den Konkurs erfolgten Änderung der Verhältnisse ihren Zweck als Stammeinlagen nicht mehr erfüllen können, und daß deshalb die Einforderung unerlaubt sei, ist nicht stichhaltig. Denn die Stammeinlagen sind von vornherein nicht nur Betriebskapital, sondern zugleich ein Haftungsfonds.[1] Nur insoweit der Konkursverwalter mehr einfordert, als zur Befriedigung der Gesellschaftsgläubiger erforderlich ist, haben die in Anspruch genommenen Gesellschafter das Recht, die Zahlung zu verweigern. In Höhe des vom Verwalter zuviel Geforderten ist die Einrede, daß die Einzahlungen ihren Zweck als Stammeinlagen nicht mehr erfüllen können, berechtigt. Denn wenn die Gläubiger befriedigt sind, bedarf es keines Haftungsfonds mehr, und zum Betriebskapital können die Einlagen deswegen nicht mehr dienen, weil die Gesellschaft seit der Konkurseröffnung ihren

---

[1] Jaeger, §§ 207, 208 Anm. 18; ROH. Bd. 20 S. 270ff.

Tätigkeitszweck nicht mehr verfolgt, sondern nur noch zum Zwecke der Abwicklung fortbesteht.[1] Für das Liquidationsverfahren bei einer nichtigen G. m. b. H. ist dies im § 77 Abs. 3 GG., für das Liquidationsverfahren einer Aktiengesellschaft im § 300 Abs. 3 HGB. a. E. besonders ausgesprochen.

Nach § 19 GG. sind die Einzahlungen auf die Stammeinlagen nach dem Verhältnis der letzteren zu leisten. An diese Bestimmung ist auch der Verwalter bei der Einziehung im Konkurse gebunden. Handelt er nicht darnach, so kann jeder in Anspruch genommene Gesellschafter einwenden, daß der Verwalter die Rückstände nicht gleichmäßig einfordere. In der Regel werden die Rückstände zufolge der Vorschrift des § 19 Abs. 1 GG. gleichmäßig sein. Dann macht eine gleichmäßige Einforderung keine Schwierigkeiten. Wenn die Rückstände aber ungleichmäßig sind, hat der Verwalter die Einzahlungen so einzufordern, daß die Gesamteinzahlungen der Gesellschafter auf die Stammeinlagen nach deren Verhältnis gleich sind. Solche ungleichmäßige Rückstände können vorkommen, wenn einzelne Gesellschafter schon mehr eingezahlt haben, als sie nach dem Gesellschaftsvertrage verhältnismäßig zu zahlen verpflichtet waren. Ferner kann eine Erhöhung des Stammkapitals bewirken, daß verhältnismäßig ungleiche Rückstände vorhanden sind; denn die neuen Stammeinlagen können ausgegeben werden, ohne daß die alten bereits voll eingezahlt sind (§ 55 GG., im Gegensatze zur Aktiengesellschaft, vgl. § 278 HGB.). So kann es kommen, daß auf die neuen Stammeinlagen verhältnismäßig höhere oder verhältnismäßig niedrigere Einzahlungen geleistet sind als auf die alten. In allen derartigen Fällen kann der Konkursverwalter von jedem Gesellschafter nur soviel einfordern, daß jeder Gesellschafter mit seinen sämtlichen Einzahlungen auf die Stammeinlagen den gleichen Bruchteil seiner Stammeinlage wie die übrigen Gesellschafter leistet.[2] Für den Fall, daß im Gesellschaftsvertrage den Gesellschaftern, die später ausgegebene Stammeinlagen übernommen haben, Vorzugsrechte eingeräumt

---

[1] Jaeger a. a. O.; Staub-Hachenburg, § 63 Anm. 11; Liebmann, S. 177; Neukamp, S. 297.

[2] Vgl. das Beispiel bei Wiesner, S. 355; Bett, S. 51, 52; a. M. Goldstein, § 6 unter 2d.

sind, muß der Konkursverwalter zunächst die Gesellschafter, denen keine Vorzugsrechte zustehen, voll in Anspruch nehmen. Auf die Stammeinlagen zu leistende Beträge, die der Verwalter Gesellschaftern im Vergleichswege erlassen hat, wozu er, wie schon oben erwähnt ist, berechtigt ist, darf er keinesfalls von den übrigen Gesellschaftern verlangen. Tut er dies doch, so steht den zu hoch in Anspruch Genommenen die Einrede zu, daß die Einziehung der Rückstände ungleichmäßig erfolge.[1]

Die Einwendungstatsache ist in jedem Falle vom Einwendenden zu beweisen.

c) Die Gesellschafter können nicht mit Forderungen an die Gesellschaft, die ihnen zustehen, gegen rückständige Gesellschaftsforderungen auf ihre Stammeinlagen aufrechnen (§ 19 Abs. 2 GG.). Während also die Gesellschafter im Konkurse ihre Stammeinlagen, soweit dies zur Befriedigung der Gläubiger nötig ist, gegebenenfalls sogar in ihrer vollen Höhe einzahlen müssen, sind ihre eigenen Forderungen an die Gesellschaft nur als Konkursforderungen anmeldbar. Wohl aber steht dem Konkursverwalter das Recht zu, mit Forderungen aus Rückständen auf die Stammeinlagen gegen Forderungen der Gesellschafter an die Gesellschaft aufzurechnen. Nur so läßt sich vermeiden, daß ein insolventer Gesellschafter, der die von ihm geforderte Einzahlung auf die Stammeinlage gar nicht zu leisten imstande ist, für seine Forderung aus der Konkursmasse die Konkursdividende erhält.

d) Für die rechtliche Beurteilung des Anspruchs auf die rückständigen Einzahlungen auf die Stammeinlagen kommt § 17 KO. nicht in Frage.[2]

e) Gesellschafter, die ihre Einzahlungspflicht erfüllt haben, haben, wenn dies im Gesellschaftsvertrage bestimmt ist, Anspruch auf Aushändigung eines Anteilscheines. Da dieser Anspruch kein Vermögensanspruch ist, kann er nicht als Konkursforderung angemeldet werden (§ 3 KO.). Auch für einen Aussonderungs-

---

[1] Vgl. R.G. vom 25. März 1899 in Jur. Wochenschr. S. 305, 306; RGZ. Bd. 51 S. 38.

[2] Vgl. Jaeger, § 17 Anm. 4—6; Bett, S. 47, 48; Goldstein, § 6 unter 2 und Wiesner, S. 356.

anspruch[1] (§ 43 KO.) scheint kein Raum zu sein. Der Anspruch ist vielmehr rein gesellschaftsrechtlicher Natur; er richtet sich unmittelbar gegen die Gesellschaft[2] als solche, die für den Fall seiner Geltendmachung durch ihre Geschäftsführer bzw. Liquidatoren, nicht durch den Konkursverwalter vertreten wird.

f) Gesellschafter, die die eingeforderten Beträge nicht zur rechten Zeit einzahlen, haben von Rechts wegen Verzugszinsen zu entrichten. Der Verwalter hat diese mit einzuziehen. Vgl. § 20 GG.

Im Falle verzögerter Einzahlung kann der Konkursverwalter das Kaduzierungsverfahren einleiten und den Geschäftsanteil des säumigen Gesellschafters zur Versteigerung bringen (§§ 21 bis 23 GG.). Dies wird zwar regelmäßig wenig Erfolg haben, weil niemand Lust haben wird, den Geschäftsanteil einer in Konkurs befindlichen G. m. b. H., der normalerweise doch recht wertlos sein wird, zu ersteigern. Aber soweit der Konkursverwalter dabei keine Deckung erlangt, ist es seine Pflicht, den Fehlbetrag von den übrigen Gesellschaftern nach dem Verhältnisse ihrer Geschäftsanteile zu fordern. Beträge, die auf diese Weise von den einzelnen Gesellschaftern nicht zu erlangen sind, werden wiederum nach dem Verhältnis der Geschäftsanteile auf die übrigen Gesellschafter verteilt (§ 24 GG.). So kann es kommen, daß schließlich ein einziger zahlungsfähiger Gesellschafter für alle Fehlbeträge aufzukommen hat. Dies ist eine Eigentümlichkeit der G. m. b. H.

g) Im Konkurse des Gesellschafters muß der Verwalter im Gesellschaftskonkurse die rückständigen Einzahlungen auf die Stammeinlage als Konkursforderung anmelden;[3] ebenso die bis zur Eröffnung des Konkurses über das Vermögen des Gesellschafters entstandenen Verzugszinsen. Die weiteren Verzugszinsen sowie den Ausfall im Konkurse des Gesellschafters muß der Verwalter im Wege des Kaduzierungsverfahrens beizutreiben versuchen, gegebenenfalls muß er gemäß § 24 GG. die übrigen Gesellschafter in Anspruch nehmen.

---

[1] So Jaeger, § 17 Anm. 6.

[2] Wiesner, S. 357; a. M. auch Goldstein a. a. O.

[3] Jaeger, §§ 207, 208 Anm. 18; R.G. Bd. 79 S. 174 ff.

II. Der Reservefonds.

Auch der Reservefonds gehört zu den Bestandteilen der Konkursmasse.[1] Ebenso wie das Stammkapital wird er nur als Rechnungsposten den Passiva der Bilanz eingegliedert. Dies hat den Zweck, den dem Reservefonds entsprechenden Teil des Gesellschaftsvermögens von der Gewinnverteilung auszuschließen. Pensionsfonds und ähnliche für wohltätige Zwecke bestimmte Fonds sind regelmäßig ebenso zu behandeln. Diejenigen, zu deren Gunsten solche Fonds geschaffen sind, sind aber deswegen, weil die Fonds in der Bilanz verzeichnet sind, noch nicht berechtigt, als Konkursgläubiger aufzutreten. Eine Konkursforderung steht ihnen nur dann zu, wenn die Gesellschaft sich ihnen gegenüber zu Leistungen aus dem Fonds verpflichtet hat. Wenn sich die Gesellschaft dabei ausbedungen hat, daß ihre Leistungen den Gesamtbetrag des Fonds nicht übersteigen sollen, muß der Konkursverwalter alle auf den Fonds angemeldeten Forderungen um den ihn übersteigenden Betrag verhältnismäßig kürzen. Die Anmeldenden erhalten dann auf die gekürzten Forderungen die allgemeine Konkursdividende. Es kann aber auch sein, daß derartige Fonds gar nicht Eigentum der Gesellschaft sind. Sie gehören dann, sei es nun, daß der Fonds selbst juristische Person ist, sei es, daß er im Eigentum der Gesamtheit der Berechtigten steht, gar nicht zur Konkursmasse und unterliegen der Aussonderung (§ 43 KO.). Die Einstellung solcher Fonds in die Bilanz der Gesellschaft ist fehlerhaft.[2]

III. Bei einer **Erhöhung des Stammkapitals** gemäß § 55 GG. ist für die auf die neuen Stammeinlagen geleisteten oder zu leistenden Beträge folgendes zu bemerken:

1. Die Erhöhung des Stammkapitals hat erst rechtliche Wirkung, wenn sie in das Handelsregister des Sitzes der Gesellschaft eingetragen ist (§ 54 Abs. 3 GG.). War nun die Eintragung bereits bei der Konkurseröffnung erfolgt, und waren damals auch die Stammeinlagen schon eingezahlt, so sind sie Bestandteile der Konkursmasse.

---

[1] Jaeger, §§ 207, 208 Anm. 17.

[2] Rehm, S. 559, 560.

2. War bei der Konkurseröffnung die Stammkapitalserhöhung zwar in das Handelsregister eingetragen, waren aber die auf die neuen Stammeinlagen zu zahlenden Beiträge noch nicht voll bezahlt, so sind diese Masseansprüche. Ihre Einforderung hat dann durch den Verwalter in derselben Weise zu erfolgen wie die Einforderung der Rückstände auf die alten Stammeinlagen. Vgl. o. unter I.

3. Die Eintragung und mithin das Wirksamwerden einer Erhöhung des Stammkapitels nach der Konkurseröffnung ist unmöglich, auch wenn der Gesellschafterbeschluß noch vor der Konkurseröffnung gefaßt worden ist. Denn, wenn die Eintragung znlässig wäre, würden im Konkurse neue Stammeinlagen und damit neue Mitgliedschaften geschaffen. Dies ist aber mit dem Konkurszweck nicht vereinbar.[1] Die G. m. b. H. kann also diejenigen, die sich vor der Konkurseröffnung zur Übernahme neuer Stammeinlagen verpflichtet haben, nach der Konkurseröffnung nicht auf Zahlung in Anspruch nehmen. Eine Erhöhung des Stammkapitals wird nur dann wieder möglich, wenn ein Zwangsvergleich oder ein Konkursverzicht zustande gekommen ist und die Gesellschafter die Fortsetzung der Gesellschaft beschlossen haben (§ 60 Z. 4 GG.).

IV. Im Gesellschaftsvertrage kann bestimmt sein, daß die Gesellschafter über den Betrag der Stammeinlagen hinaus die Einforderung von weiteren Einzahlungen beschließen können (§ 26 GG.). Beschließen die Gesellschafter die Einforderung solcher Nachschüsse, so ergeben sich folgende Möglichkeiten.

1. Nachschüsse, die bei der Konkurseröffnung schon beschlossen und eingezahlt waren, sind Bestandteile der Konkursmasse.

2. Bei der Konkurseröffnung zwar beschlossene, aber noch nicht eingezahlte Nachschüsse gewähren Masseforderungen. Diese hat der Konkursverwalter wie Rückstände auf Stammeinlagen geltend zu machen. Folgende Besonderheiten sind zu erwähnen:

a) Gegen die Nachschußforderung darf der Gesellschafter mit einer Forderung, die ihm gegen die Gesellschaft zusteht, auf-

---

[1] RGZ. Bd. 77 S. 152ff.

rechnen. Die für die Stammeinlagen maßgebende Bestimmung des § 19 Abs. 2 GG. gelangt bei Nachschüssen nicht zur Anwendung.

b) Im Falle der verzögerten Einzahlung von Nachschüssen besteht folgender Unterschied:

α) Bei beschränkter Nachschußpflicht und auch bei unbeschränkter Nachschußpflicht, soweit die Nachschüsse den gemäß § 27 Abs. 4 GG. im Gesellschaftsvertrage festgesetzten Betrag nicht überschreiten, finden, wenn im Gesellschaftsvertrage nicht ein Anderes bestimmt ist, die auf die Stammeinlagen bezüglichen Vorschriften der §§ 21 bis 23 GG. entsprechende Anwendung (§ 28 GG.). Der Konkursverwalter kann demnach das Kaduzierungsverfahren vornehmen. Für den Ausfall sind die übrigen Gesellschafter nicht regreßpflichtig; denn § 24 GG. findet auf Nachschüsse keine entsprechende Anwendung.

β) Bei unbeschränkter Nachschußpflicht oder wenn bei dieser die eingeforderten Nachschüsse einen im Gesellschaftsvertrage bestimmten Betrag überschreiten, kann der Konkursverwalter dem Gesellschafter, der nicht binnen einem Monat nach Aufforderung zur Einzahlung diese leistet oder seinen Geschäftsanteil der Konkursmasse zur Befriedigung aus demselben zur Verfügung stellt, durch eingeschriebenen Brief erklären, daß er den Geschäftsanteil als zur Verfügung gestellt betrachte. Er hat nun innerhalb eines weiteren Monats den Geschäftsanteil öffentlich versteigern zu lassen. Wird dadurch keine Befriedigung erzielt, so wird der Geschäftsanteil nunmehr Massebestandteil. Der Konkursverwalter ist befugt, ihn für Rechnung der Masse zu veräußern (§ 27 GG.).

Da Geschäftsanteile einer im Konkurse befindlichen G. m. b. H. regelmäßig wertlos sind, ist die Nachschußforderung meist uneinbringlich, wenn der in Frage kommende Gesellschafter selbst insolvent ist.

3. Nachschüsse, die erst nach Eröffnung des Konkurses beschlossen werden, werden konkursfreies Vermögen der Gesellschaft.[1] Massebestandteile können sie deswegen nicht werden,

[1] Staub-Hachenburg, § 63 Anm. 11; a. M. Liebmann, S. 177.

weil sie zur Zeit der Konkurseröffnung noch nicht vorhanden waren (§ 1 KO). Nach der Konkurseröffnung kann allein die Gesellschafterversammlung die Einforderung von Nachschüssen beschließen. Der Konkursverwalter kann nicht Nachschüsse einziehen, deren Einforderung noch nicht beschlossen ist. Denn die Voraussetzung für die Entstehung solcher Ansprüche ist ein Gesellschafterbeschluß. Fehlt dieser, so ist auch kein Anspruch vorhanden, den der Verwalter geltend machen könnte. — Die Beschließung von Nachschüssen im Konkurse kann zu dem Zwecke erfolgen, einen Zwangsvergleich oder Konkursverzicht herbeizuführen, um danach die Fortsetzung der Gesellschaft beschließen zu können (§ 60 Z. 4 GG.).

Auch im Konkurse kann ein Gesellschafter den Beschluß, durch den vor Konkurseröffnung die Einforderung von Nachschüssen beschlossen worden ist, anfechten, z. B. weil der Beschluß den Bestimmungen des Gesellschaftsvertrages zuwider gefaßt worden ist. Die Anfechtungsklage ist gegen den Konkursverwalter zu richten.[1] Falls die Nachschüsse aber erst nach der Konkurseröffnung beschlossen worden sind, ist jede Beteiligung am Rechtsstreite seitens des Konkursverwalters ausgeschlossen weil es sich nicht um zur Masse gehörige Gegenstände handelt Die Klage geht dann gegen die Geschäftsführer bzw. Liquidatoren als Gesellschaftsvertreter.

V. Jedem Gesellschafter ist es freigestellt, Zuschüsse zur Konkursmasse zu leisten. Ein Verpflichtung dazu besteht nur, wenn darüber Bestimmungen in den Gesellschaftsvertrag aufgenommen sind (§ 3 Abs. 2 GG.). Zuschüsse, zu denen die Gesellschafter verpflichtet sind, hat der Verwalter nach Maßgabe des Gesellschaftsvertrages einzufordern.

Haben Gesellschafter Zuschüsse, zu denen sie nicht verpflichtet waren, vor Konkursbeginn geleistet, so werden diese Massebestandteile. Freiwillige Zuschüsse, die die Gesellschafter ausschließlich zur Abwendung des drohenden Konkurses geleistet haben, können sie, falls die Sanierungsversuche mißglückt sind, im Konkurse als Konkursforderungen aus ungerechtfertigter Bereicherung anmelden (§ 812 Abs. 1 S. 2 BGB.).

[1] Vgl. oben § 6 III a. E.

Machen die Gesellschafter im Konkurse freiwillig Zuschüsse, die nur dazu dienen sollen, einen Zwangsvergleich zu ermöglichen, so werden die gezahlten Beträge Massebestandteile. Dem Verwalter steht es auch zum Zwecke der Ermöglichung des Zwangsvergleiches nicht zu, solche Beträge einzufordern. Kommt der Zwangsvergleich nicht zustande, so haben die Gesellschafter in Höhe der von ihnen gewährten Zuschüsse Masseschuldansprüche auf Grund einer rechtlosen Bereicherung der Masse[1] (§ 59 Z. 3 KO.). Praktischer ist es, wenn die Gesellschafter im Konkurse, sofern sie nur einen Zwangsvergleich anstreben, keine Zuschüsse zur Masse leisten, sondern die Einforderung von Nachschüssen beschließen oder die Zuschüsse an die Gesellschaft leisten; denn dann wird das zur Vergleichsermöglichung Geleistete konkursfreies Gesellschaftsvermögen, über das der Verwalter niemals Verfügungsgewalt erlangt.[2]

Sind die Gesellschafter auf Grund des Gesellschaftsvertrages zu entgeltlichen Nebenleistungen verpflichtet (§ 3 Abs. 2 GG.), so ist das Rechtsverhältnis nach § 17 KO. zu beurteilen, wie schon früher ausgeführt ist. Wenn der Konkursverwalter Erfüllung verlangt, müssen die Gesellschafter leisten und erlangen dafür einen Masseschuldanspruch (§ 59 Z. 2 KO.). Erklärt der Verwalter, daß er keine Erfüllung verlange, so können die Gesellschafter den ihnen dadurch entstehenden Schaden als Konkursforderung anmelden.

VI. Massebestandteile sind auch die der Gesellschaft zustehenden gesetzlichen Ersatzansprüche:

1. Schadensersatzansprüche wegen unrichtiger Angaben gegen diejenigen Geschäftsführer, die die Gesellschaft zur Eintragung ins Handelsregister angemeldet haben (§§ 7, 78, 9 GG.).

2. Schadensersatzansprüche gegen die Personen, die vor der Eintragung der Gesellschaft ins Handelsregister im Namen der Gesellschaft gehandelt haben (§ 11 GG.).

3. Schadensersatzansprüche gegen die Geschäftsführer bzw. Liquidatoren aus der Geschäftsführung (§ 43, § 69 Abs. 1, § 71 Abs. 1 GG.).

---

[1] Jaeger, §§ 207, 208 Anm. 18.

[2] Jaeger a. a. O.

4. Ansprüche gegen die Geschäftsführer bzw. Liquidatoren auf Ersatz der nach dem in § 64 Abs. 1 GG. angegebenen Zeitpunkte geleisteten Zahlungen (§§ 64 Abs. 2, 71 Abs. 1 GG.).

5. Schadensersatzansprüche gegen Aufsichtsratsmitglieder, die ihre Obliegenheiten verletzt haben (§ 52 Abs. 1 GG. mit § 249 Abs. 2 HGB.).

6. Keine Ersatzansprüche, aber auch Massebestandteile sind die Ansprüche auf Erstattung der Zahlungen, die den Vorschriften des § 30 GG. zuwider geleistet worden sind (§ 31 GG.).

Alle diese Ansprüche hat der Konkursverwalter geltend zu machen. Dabei ist er von Gesellschafterbeschlüssen gänzlich unabhängig.[1] Der Verwalter kann die Ansprüche nur so geltend machen, wie sie der Gesellschaft selbst zustehen. Einwendungen, die der Gesellschaft gegenüber begründet sind, können auch gegen den Verwalter geltend gemacht werden. Verzichte und Vergleiche des Konkursverwalters sind zulässig. Auf seine Vergleiche mit Geschäftsführern, die gemäß § 9 Abs. 1 GG. wegen Verletzung der Gründungsvorschriften auf Schadensersatz in Anspruch genommen sind, ist § 9 Abs. 2 GG. nicht anzuwenden.[2] Inwieweit der Verwalter durch Verzichte und Vergleiche sich persönlich haftbar macht, ist nach § 82 KO. zu beurteilen.

Schadensersatzansprüche, die den Gesellschaftsgläubigern unmittelbar neben der Gesellschaft zustehen (vgl. für die Aktiengesellschaft §§ 217, 241, 249, 306 HGB.). kommen im Rechte der G. m. b. H. nicht vor.

Vierter Abschnitt.

Die Beendigung des Konkurses.

§ 10.

Die Form der Beendigung.[3]

A. Für die Beendigung des Konkurses der G. m. b. H. bestehen keine besonderen Vorschriften. Der Konkurs endigt wie

[1] Jaeger, §§ 207, 208 Anm. 19; Bett, S. 55—57; Wiesner, S. 361.

[2] Staub-Hachenburg, § 63 Anm. 11.

[3] Jaeger, §§ 207, 208 Anm. 21; Goldstein, § 8 unter 1, 3; Bett, § 18.

der einer natürlichen Person. Beendigungsakt ist der Beschluß des Konkursgerichtes, der entweder auf Aufhebung oder auf Einstellung des Verfahrens lautet. Die Beendigung des Konkurses durch Wiederaufhebung des Eröffnungsbeschlusses kommt hierbei nicht in Betracht. Ein Aufhebungsbeschluß dieser Art bewirkt, daß die Gesellschaft so behandelt wird, als wäre sie überhaupt nicht in Konkurs und in der Auflösung begriffen gewesen.

I. Die Aufhebung des Konkursverfahrens. — Sie erfolgt durch Beschluß des Konkursgerichtes

1. nach Abhaltung des Schlußtermins, d. i. nach regelmäßiger Durchführung des Konkurses und Ausschüttung der Masse (§ 163 KO.);

2. nach rechtskräftiger Bestätigung eines Zwangsvergleiches (§ 190 KO.; vgl. unten C).

In beiden Fällen ist der Aufhebungsbeschluß unanfechtbar (§§ 163 Abs. 1, 190 Abs. 1 KO.).

II. Die Einstellung des Konkursverfahrens. — Sie erfolgt durch Beschluß des Konkursgerichts

1. auf Antrag der Geschäftsführer bzw. Liquidatoren beim Vorliegen eines Konkursverzichtes (§ 202 KO.); der Antrag ist in verfassungsmäßiger Weise zu stellen;

2. von Amts wegen bei Unzulänglichkeit der Konkursmasse zur Deckung der Kosten des Verfahrens (§ 204 KO.).

In beiden Fällen ist der Einstellungsbeschluß mit der sofortigen Beschwerde anfechtbar (§ 73 Abs. 3 KO.). Das Beschwerderecht der Gesellschaft wird von den Geschäftsführern bzw. Liquidatoren in verfassungsmäßiger Weise ausgeübt.

B. Jeder Aufhebungs- oder Einstellungsbeschluß ist von Amtswegen in das Handelsregister einzutragen (§ 32 HGB.). Dem Registergerichte wird vom Gerichtsschreiber des Konkursgerichtes die beglaubigte Abschrift der Beschlußformel mitgeteilt (§§ 163 Abs. 3, 190 Abs. 3, 205 Abs. 2 mit § 112 KO.). Auch wenn das Registergericht auf anderem Wege von der Aufhebung oder Einstellung erfährt, hat es diese von Amts wegen einzutragen. Die Eintragung wird nicht öffentlich bekannt gemacht (§ 32 HGB.); dies wäre überflüssig, weil der Beschluß selbst schon öffentlich bekannt zu machen ist (§§ 163 Abs. 2, 190 Abs. 2, 205 Abs. 1 KO.). Der § 15 HGB. bleibt auf die Eintragung außer Anwendung.

C. Der Zwangsvergleich insbesondere.

1. Die Zulässigkeit des Zwangsvergleiches im Konkurse der G. m. b. H. ist bei seiner Erwähnung im § 60 Z. 4 GG. unzweifelhaft.[1] Von den Vorteilen, die der Zwangsvergleich mit sich bringt, ist besonders der zu erwähnen, daß nach seinem Abschluß die Gesellschafter die Fortsetzung der Gesellschaft beschließen können. Auch wenn die Gesellschaft sich bei der Konkurseröffnung schon in Liquidation befand oder wenn sie in diesem Zeitpunkte nichtig war, ist der Abschluß eines Zwangsvergleiches zulässig.[2] Über die Frage, ob in diesen Fällen eine Fortsetzung der Gesellschaft stattfinden kann, vgl. u. § 12 A I 2.

2. Der Zwangsvergleich wird zwischen der Gesellschaft und den nicht bevorrechtigten Konkursgläubigern abgeschlossen (§ 173 KO.). Den Vergleichsvorschlag haben die Geschäftsführer bezw. Liquidatoren in verfassungsmäßiger Zahl und Weise zu machen. Dabei sind sie nach außen hin durch Gesellschafterbeschlüsse nicht gebunden. Im Innenverhältnis sind sie aber vor einem Vergleichsvorschlage zur Berufung der Gesellschafterversammlung verpflichtet, weil diese in einem solchen Falle regelmäßig im Interesse der Gesellschaft erforderlich erscheint (§ 49 Abs. 2 GG.). Bei Verletzung dieser Obliegenheit haften die Geschäftsführer bezw. Liquidatoren für den daraus entstandenen Schaden der Gesellschaft solidarisch (§§ 43 Abs. 2, 71 Abs. 1 GG.). Auch kann die Gesellschaft sich für alle Fälle im Innenverhältnis dadurch schützen, daß im Gesellschaftsvertrage oder durch Gesellschafterbeschluß bestimmt wird, daß die genannten Vertreter ohne Zustimmung der Gesellschafter keinen Zwangsvergleich abschließen dürfen. Solange die Konkursgläubiger den Vergleichsvorschlag noch nicht angenommen haben, kann sich die Gesellschaft gegen ihn dadurch wehren, daß sie ihren Vertretern die Vertretungsmacht entzieht und neue Vertreter bestellt, die den Vergleichsvorschlag zurücknehmen (§ 46 Z. 5 GG.).

3. Wenn die Gesellschaft im Zwangsvergleiche Verpflichtungen übernimmt, obliegt deren Erfüllung im Falle der Fort-

---

[1] Im österreichischen Recht erkennt die herrschende Lehre und der Oberste Gerichtshof die Zulässigkeit des Zwangsvergleichs an. Vgl. Jaeger, §§ 207, 208 Zus. II, 5 mit Literatur.

[2] Bett, S. 96.

setzung der Gesellschaft nach § 60 Z. 4 GG. der fortgesetzten Gesellschaft, sonst nach Beendigung des Konkurses der in Liquidation befindlichen Gesellschaft.

4. Inwieweit sind die Bestimmungen über die Unzulässigkeit eines Zwangsvergleiches, über die Verwerfung eines abgeschlossenen und über die Anfechtung und Aufhebung eines bestätigten Zwangsvergleiches anwendbar?

a) Die Anwendung der Bestimmungen über die Unzulässigkeit des Zwangsvergleiches (§ 175 KO.) findet nur in beschränktem Umfange statt. Unzulässig ist der Zwangsvergleich, wenn einer oder mehrere Geschäftsführer bzw. Liquidatoren flüchtig[1] sind oder die Ableistung des Offenbarungseides verweigern[2] (§ 175 Z. 1 KO.); denn beide Bestimmungen gehen davon aus, daß beim Abschlusse eines Zwangsvergleiches die Verhältnisse der Gemeinschuldnerin notwendigerweise eingehend darzulegen sind, was natürlich nur durch die verfassungsmäßigen Gesellschaftsvertreter geschehen kann. Übrigens kann in diesen beiden Fällen die Gesellschaft ohne weiteres dadurch Abhilfe schaffen und die Zulässigkeit des Zwangsvergleiches herbeiführen, daß sie die pflichtvergessenen Vertreter abberuft und neue für sie bestellt, die die erforderlichen Auskünfte geben bzw. den Offenbarungseid leisten. Nicht unzulässig ist der Zwangsvergleich, so lange gegen einen Geschäftsführer bzw. Liquidator der Gesellschaft wegen betrüglichen Bankerotts eine gerichtliche Untersuchung oder ein wieder aufgenommenes Verfahren anhängig ist, oder wenn eine der genannten Personen wegen betrüglichen Bankerotts rechtskräftig verurteilt worden ist (§ 175 Z. 2 u. 3 KO.). Denn das Verbrechen ihrer Vertreter ist kein Verbrechen der Gemeinschuldnerin. Diese darf nicht unter den strafbaren Handlungen jener, für die sie keine Verantwortung trifft, leiden. Daher wird auch, wenn die rechtskräftige Verurteilung eines Vertreters der Gesellschaft wegen betrüglichen Bankerotts erst nachträglich erfolgt, der Zwangsvergleich nicht aufgehoben[3] (§ 197 KO.).

---

[1] Seuffert, S. 417; a. M. Jaeger, § 175 Anm. 3; Goldstein, § 8 unter 3d; Bett, S. 36—38.

[2] Jaeger, Goldstein, Bett a. a. O.; Bauer's Zeitschr. f. Aktiengesellsch. Bd. 16 S. 103.

[3] Jaeger, Goldstein, Bett a. a. O.; a. M. Seuffert a. a. O.; Kohler, S. 474.

b) Wenn der Zwangsvergleich den vorstehenden Ausführungen gemäß nachträglich unzulässig wird, ist er durch Beschluß des Konkursgerichts zu verwerfen (§ 186 Z. 2 KO.). Die Verwerfung erfolgt also nie in den Fällen des § 175 Z. 2 u. 3 KO.

c) Nach § 187 KO. ist der Zwangsvergleich vom Gericht zu verwerfen, wenn er den Gläubigern nicht mindestens den fünften Teil ihrer Forderungen gewährt und dieses Ergebnis auf ein unredliches Verhalten des Gemeinschuldners, insbesondere darauf zurückzuführen ist, daß der Gemeinschuldner durch solches Verhalten die Eröffnung des Konkursverfahrens verzögert hat. Die Verwerfung steht ferner im Ermessen des Gerichts, wenn dasselbe Ergebnis auf leichtsinniges Verhalten des Gemeinschuldners zurückzuführen ist. Beide Bestimmungen sind auf die G. m. b. H. nicht anwendbar. Denn die Vorschrift, daß es sich in diesen Fällen nur um Zwangsvergleiche handeln soll, die nicht mindestens 20 % zugunsten der Gläubiger ergeben, zielt darauf ab, daß der leichtfertige Gemeinschuldner nicht zu leicht von seinen Schulden kommt. Dies kommt für juristische Personen, die regelmäßig mit dem Konkurse ihr Ende finden und nur unter besonderen Umständen fortgesetzt werden können, kaum in Betracht, weil sie, für den Fall, daß sie nicht fortgesetzt werden, gar kein Interesse daran haben, von ihren Schulden loszukommen. Ferner darf wiederum der G. m. b. H. aus dem unredlichen oder leichtsinnigen Verhalten ihrer Vertreter kein Schaden erwachsen, insbesondere auch nicht dadurch, daß die Vertreter durch solches Verhalten die Konkurseröffnung verzögert haben. Obendrein ist zu bemerken, daß es zur Vermeidung dieser Verzögerung gar nicht der Vorschrift des § 187 KO. bedarf, da in dieser Hinsicht schon die Bestimmungen der §§ 64, 71 und 84 GG. hinreichenden Schutz gewähren.[1]

Alle diese Paragraphen der KO. haben Handlungen und Delikte des Gemeinschuldners zum Gegenstande, die eine natürliche Person als Gemeinschuldner voraussetzen, und sind deshalb nicht unmittelbar anwendbar. Vielmehr muß immer, wie dies hier auch geschehen ist, der Sinn der einzelnen Bestimmung darauf

[1] Jaeger, § 187 Anm. 10; Goldstein a. a. O.; a. M. Bett a. a. O.; Petersen-Kleinfeller, S. 584.

geprüft werden, ob er ihre Anwendung auf eine juristische Person als Gemeinschuldnerin zuläßt.

d) Unmittelbar anwendbar sind dagegen die §§ 188 und 196 KO. Nach § 188 KO. ist auf Antrag eines nicht bevorrechtigten Konkursgläubigers der Zwangsvergleich zu verwerfen, wenn er durch Begünstigung eines Gläubigers oder sonst in unlauterer Weise zustande gebracht ist oder wenn er dem gemeinsamen Interesse der nicht bevorrechtigten Konkursgläubiger entgegensteht. Und nach § 196 KO. kann jeder Gläubiger den vergleichsmäßigen Erlaß seiner Forderung anfechten, wenn der Zwangsvergleich durch Betrug zustande gebracht worden ist. Dabei ist unwesentlich, wer die Begünstigung, den Betrug oder die unlautere Handlungsweise verschuldet hat.

5. Gegen den Beschluß des Konkursgerichts, der den Zwangsvergleich bestätigt oder verwirft, steht der G. m. b. H. als Gemeinschuldnerin die sofortige Beschwerde zu (§ 189 KO.). Bei Einlegung dieses Rechtsmittels wird die Gesellschaft durch ihre verfassungsmäßigen Vertreter vertreten, und zwar, wenn im Gesellschaftsvertrage darüber nichts bestimmt ist, durch sämtliche (§ 35 GG.).

§ 11.

Die Auflösung der Gesellschaft.[1]

Wie im § 64 Z. 4 GG. ausdrücklich hervorgehoben ist, wird die G. m. b. H. durch die Eröffnung des Konkursverfahrens aufgelöst; d. h. sie besteht nur noch als Abwicklungsgesellschaft für die Zwecke des Konkurses und der sich möglicherweise an diesen anschließenden Liquidation fort. Die Konkursbeendigung hat deshalb für das Bestehen der Gesellschaft Wirkungen, die im Konkurse der natürlichen Person gar nicht eintreten können. Sowohl im Falle der Aufhebung des Konkursverfahrens als im Falle seiner Einstellung treten diese Wirkungen mit dem Ablauf des zweiten Tages nach der Ausgabe des Blattes ein, in dem die erste Einrückung des Aufhebungsbeschlusses

---

[1] Jaeger, §§ 207, 208 Anm. 22; Bett, § 19; Goldstein, § 8 unter 2.

enthalten ist (§§ 163 Abs. 1 u. 2, 190 Abs. 1 u. 2, 205 Abs. 1, § 76 KO.). Der Einstellungsbeschluß kann zwar mit der sofortigen Beschwerde angefochten werden (§§ 73 Abs. 3, 205 KO.), aber diese wirkt nicht aufschiebend (§ 572 ZPO.). Daher ist die Einstellung schon mit der öffentlichen Bekanntmachung (§ 76 KO.) bewirkt.[1]

I. Wenn bei der Konkursbeendigung noch Gesellschaftsvermögen vorhanden ist, tritt die Gesellschaft mit dem Ende des Konkurses in Liquidation.[2] Dabei ist gleichgültig, ob die Gesellschaft schon bei der Konkurseröffnung in Liquidation war oder nicht. Mit der Konkurseröffnung ist die Gesellschaft in das Auflösungsstadium eingetreten (§ 60 Z. 4 GG.). Abgesehen von dem Falle der Aufhebung des Eröffnungsbeschlusses (§§ 109, 116 KO.), kann der Konkurs nicht rückgängig gemacht werden, und der Eintritt der Auflösungstatsache des § 60 Z. 4 GG. kann nicht ex tunc beseitigt werden.[3] Auch ein Zwangsvergleich oder ein Konkursverzicht vermag dies nicht. Die Gesellschaft bleibt vielmehr in jedem Falle der Konkursbeendigung aufgelöst. Dies geht auch aus § 66 GG. hervor, wonach das Liquidationsverfahren über die mit der Konkurseröffnung der Auflösung verfallene Gesellschaft nur durch den Konkurs für die Dauer desselben verdrängt ist. Der analoge für die Aktiengesellschaft geltende § 294 HGB. spricht dies noch klarer aus. Die weitere Durchführung der Auflösung der Gesellschaft im Wege der Liquidation unterbleibt nur, wenn die Gesellschafter im Falle der Aufhebung des Konkursverfahrens nach Abschluß eines Zwangsvergleiches oder im Falle der Einstellung des Konkursverfahrens auf Grund eines Konkursverzichtes von ihrem Rechte Gebrauch machen, die Fortsetzung der Gesellschaft zu beschließen.

Die Liquidation erfolgt, wenn sie nicht durch den Gesellschaftsvertrag oder durch einen Gesellschafterbeschluß anderen Personen übertragen wird, durch dieselben Personen, die, vom Konkursverwalter abgesehen, während des Konkurses gesetzliche

---

[1] Jaeger, §§ 205 f. Anm. 4.

[2] Staub-Hachenburg, § 63 Anm. 18.

[3] Jaeger a. a. O.

Vertreter der Gesellschaft waren (§ 66 GG.). Liquidatoren sind demnach im Regelfalle die Geschäftsführer, falls aber die Gesellschaft schon bei der Konkurseröffnung sich in Liquidation befand, die Personen, die infolge dieser Liquidation die Gesellschaft bis zur Konkursbeendigung als Liquidatoren vertreten haben. Einer Anmeldung der Liquidation zur Eintragung in das Handelsregister (vgl. § 65 GG.) bedarf es nicht.[1] Daß die Gesellschaft sich in Liquidation befindet, geht schon zur Genüge aus der von Amts wegen einzutragenden Aufhebung oder Einstellung des Konkursverfahrens (§ 32 HGB.) hervor. Man kann hiergegen nicht einwenden, daß diese Eintragung nicht erkennen lasse, ob wirklich eine Liquidation stattfindet oder ob eine solche mangels eines Gesellschaftsvermögens gar nicht stattfinden könne (s. u.). Denn für den Fall, daß keine Liquidation stattfindet, die Gesellschaft also schon mit dem Ende des Konkurses erlischt, erlischt auch die Firma der Gesellschaft. Das Erlöschen der Firma ist aber von den Geschäftsführern bzw. Liquidatoren zur Eintragung in das Handelsregister anzumelden (§ 31 HGB.). Ist also im Handelsregister nur die Konkursbeendigung eingetragen, aber das Erlöschen der Firma nicht verlautbart, so befindet sich die G. m. b. H. noch in Liquidation. Wenn die Gesellschaft sich schon bei der Konkurseröffnung in Liquidation befand, ist, falls mit der Konkursbeendigung nicht auf Grund des Gesellschaftsvertrages oder eines Gesellschafterbeschlusses in der Person der Liquidatoren eine Änderung eingetreten ist (§ 66 GG.), gar keine Anmeldung zum Handelsregister zu machen. Beginnt dagegen die Liquidation erst mit der Konkursbeendigung, so sind die Liquidatoren durch die Geschäftsführer zur Eintragung ins Handelsregister anzumelden (§ 67 GG.). Die Liquidation selbst erfolgt nach den allgemeinen Vorschriften des GG. Sie endigt mit der Verteilung des Gesellschaftsvermögens. Mit dieser erlischt auch die Gesellschaft. Die Liquidatoren haben das damit verbundene Erlöschen der Firma zum Handelsregister anzumelden.

II. Regelmäßig wird bei der Konkursbeendigung kein Gesellschaftsvermögen mehr vorhanden sein, so namentlich bei

---

[1] Staub-Hachenburg, § 63 Anm. 18.

Konkursbeendigung durch Ausschüttung der Masse und durch Einstellung des Verfahrens mangels Masse gemäß § 204 KO. In solchen Fällen erlischt die Gesellschaft schon mit der Konkursbeendigung. Eine Liquidation ist unmöglich, weil sie gegenstandslos sein würde. Wie schon oben dargelegt worden ist, haben die Geschäftsführer bei Konkursbeendigung die Pflicht das Erlöschen der Firma zum Handelsregister anzumelden (§ 31 HGB.). Doch hat der Registerrichter die Firma auch ohne Anmeldung schon dann zu löschen, wenn er weiß, daß keine Liquidation stattfinden kann.

III. Auch wenn die Gesellschaft mit der Beendigung des Konkurses oder der anschließenden Liquidation erloschen ist, kann es noch vorkommen, daß sie doch wieder tätig werden muß. Sie war dann eben nur scheinbar erloschen. In Wirklichkeit war die Abwicklung noch nicht völlig beendet. WIESNER[1] spricht in solchen Fällen von einem vorübergehenden Wiederaufleben der Gesellschaft.

1. Hat sich an den Konkurs keine Liquidation angeschlossen, und findet sich nachträglich noch unverteiltes Gesellschaftsvermögen vor, so hat gemäß § 166 KO. eine Nachtragsverteilung zu erfolgen.

2. Ergibt sich in dem eben erwähnten Falle ein Überschuß zugunsten des Gesellschaftsvermögens, so hat gemäß dem analog anzuwendenden § 302 Abs. 4 HGB. eine Nachtragsliquidation stattzufinden. Dasselbe gilt auch, wenn sich nach Beendigung einer sich an den Konkurs anschließenden Liquidation neues Gesellschaftsvermögen vorfindet.[2]

3. Auch in anderen Fällen kann ohne Rücksicht darauf, ob nach dem Konkurse eine Liquidation stattgefunden hat oder nicht, eine Nachtragsliquidation erforderlich werden. So erwähnt STAUB-HACHENBURG[3] den Fall, daß für die erloschene Gesellschaft noch eine Vormerkung eingetragen ist, derzufolge ein Grundstück nicht ohne ihre Zustimmung aufgelassen werden kann. Ein ähnlicher Fall ist der, daß für die Gesellschaft eine Hypothek eingetragen ist, zu deren Löschung oder Umschreibung es der Be-

---

[1] Vgl. WIESNER, S. 368.

[2] STAUB-HACHENBURG, § 74 Anm. 18—21.

[3] STAUB-HACHENBURG, § 63 Anm. 18.

willigung der Gesellschaft bedarf. Der Grundstückseigentümer kann sich dann nur dadurch helfen, daß er gemäß § 29 BGB. die Bestellung eines Liquidators beantragt. Mit diesem muß er sich auseinandersetzen.[1]

§ 12.

Die Fortsetzung der Gesellschaft.[2]

A. Die G. m. b. H. wird durch die Eröffnung des Konkursverfahres aufgelöst; wenn aber das Verfahren nach Abschluß eines Zwangsvergleiches aufgehoben oder auf Antrag der Gemeinschuldnerin eingestellt wird, können die Gesellschafter die Fortsetzung der Gesellschaft beschließen (§ 60 Z. 4 GG.).

Nach dem G. m. b. H.-Gesetze vom 20. April 1892 wurde die in Konkurs geratene Gesellschaft mit der Konkurseröffnung aufgelöst und konnte in keinem Falle fortgesetzt werden. Erst Art. 11, XVI des EG. zum neuen HGB. brachte die jetzige Fassung des § 60 Z. 4 GG., wonach die Fortsetzung der Gesellschaft in der angegebenen Weise ermöglicht wurde. Die Vorteile der neuen Bestimmung sind offensichtlich. Denn während jetzt ein Gesellschafterbeschluß zur Erhaltung der Gesellschaft und des Unternehmens genügt, bedurfte es nach dem alten Gesetze dazu der Gründung einer neuen G. m. b. H. Auf diese Weise wurde erst im Konkurs und dann im Liquidationsverfahren das Gesellschaftsvermögen unter großen Kosten verteilt. Darauf wurde es dann wieder unter neuem Zeit- und Geldverlust von den Gesellschaftern zusammengebracht. Eine solche Regelung schädigte nicht nur die Gesellschafter, sondern auch die Gesellschaftsgläubiger; denn der für diese oft sehr günstige Abschluß eines Zwangsvergleiches war wegen der Unmöglichkeit, das Gesellschaftsunternehmen durch unmittelbare Fortsetzung der Gesellschaft zu erhalten, ziemlich wertlos. Überdies ist noch zu bedenken, daß im Laufe des sich an den Konkurs anschließenden Liquidationsverfahrens das gesamte

[1] RGZ. Bd. 68 S. 180.

[2] Für die Aktiengesellschaft: Jaeger, §§ 207, 208 Anm. 22; Bett, §§ 20—22; Goldstein, S. 30, 31.

noch zu verteilende Gesellschaftsvermögen für den ehemaligen Tätigkeitszweck der Gesellschaft unverwertbar war, da eine solche Verwertung sich nicht mit dem Liquidationszweck vertragen hätte.

I. Die Voraussetzungen der Fortsetzung.[1]

1. Die Fortsetzung der Gesellschaft kann nur in den zwei erwähnten Fällen der Konkursbeendigung erfolgen:

a) wenn das Konkursverfahren nach Abschluß eines Zwangsvergleiches aufgehoben worden ist,

b) wenn das Verfahren auf Antrag der Gemeinschuldnerin eingestellt worden ist, d. i. im Falle eines Konkursverzichtes.

In den übrigen Fällen der Konkursbeendigung ist die Fortsetzung der Gesellschaft ausgeschlossen. So kann die Gesellschaft insbesondere nicht nach der Aufhebung des Verfahrens nach Abhaltung des Schlußtermins, d. i. nach der Ausschüttung der Masse, und nach der Einstellung des Verfahrens wegen Mangels an Masse (§§ 163, 204 KO.) fortgesetzt werden.

2. Voraussetzung für die Fortsetzung der Gesellschaft ist ferner, daß die Gesellschaft bei der Konkurseröffnung noch nicht in der Auflösung begriffen, also nicht in Liquidation war. Nur wenn die Auflösung der Gesellschaft durch die Eröffnung des Konkursverfahrens erfolgt ist, kann die Gesellschaft fortgesetzt werden, nicht aber in den anderen Fällen der Auflösung, in denen die Gesellschaft erst nach Eintritt der Auflösung in Konkurs geraten ist. Der Fortsetzungsbeschluß kann nur eine durch den Konkurs selbst bewirkte Auflösung, nicht eine dem Konkurs schon vorausgegegangene Auflösung beseitigen.[2]

Für eine nichtige Gesellschaft gilt folgendes: Es kommt darauf an, ob unheilbare oder heilbare Nichtigkeit vorliegt. Nichtig ist eine Gesellschaft, wenn ihr Gesellschaftsvertrag nicht die nach § 3 Abs. 1 GG. wesentlichen Bestimmungen enthält, oder wenn eine dieser Bestimmungen nichtig ist (§ 75 Abs. 1 GG.). Betrifft der Mangel die Bestimmungen über die Firma oder den Sitz der Gesellschaft oder den Gegenstand des Unternehmens, so ist aber die Nichtigkeit durch einstimmigen Gesellschafterbeschluß

---

[1] Vgl. Bauer's Zeitschrift für Aktiengesellschaften, Bd. 16 S. 107.

[2] Staub-Hachenburg, § 63 Anm. 21.

heilbar (§ 76 GG.). Eine bei der Konkurseröffnung unheilbar nichtige Gesellschaft bleibt trotz eines gültigen Fortsetzungsbeschlusses nichtig. Bei Eintragung ihrer Nichtigkeit in das Handelsregister tritt sie in Liquidation (§§ 75, 77 GG.). Findet die Eintragung der Nichtigkeit noch während des Konkurses statt, so hat ein Fortsetzungsbeschluß keine rechtlichen Wirkungen. Nach der Konkursbeendigung findet Liquidation statt. War endlich die Nichtigkeit der Gesellschaft schon vor der Konkurseröffnung in das Handelsregister eingetragen, so befand sich die Gesellschaft bei Konkursbeginn bereits in Liquidation; schon aus diesem Grunde kann dann die Fortsetzung nicht mehr in Frage kommen. Wenn nur eine heilbare Nichtigkeit vorliegt (§ 76 GG.), kann durch einstimmigen Gesellschafterbeschluß bis zur Eintragung der Nichtigkeit der Mangel geheilt werden. Wird die Nichtigkeit im Konkurse geheilt, so steht der Fortsetzung der Gesellschaft nichts entgegen. Auch wenn der die Nichtigkeit heilende Beschluß bei der Beendigung des Konkursverfahrens noch nicht gefaßt ist, ist die Fortsetzung der Gesellschaft möglich. Die Gesellschaft besteht dann so lange fort, bis die Nichtigkeit in das Handelsregister eingetragen wird, womit die Gesellschaft in Liquidation tritt. Zur Vermeidung der Eintragung der Nichtigkeit, die gemäß § 144 FGG. jederzeit durch den Registerrichter erfolgen kann, empfiehlt sich die baldige Fassung des Heilungsbeschlusses.

3. Die Fortsetzung der Gesellschaft muß von den Gesellschaftern beschlossen sein. Für diesen Gesellschafterbeschluß gelten keinerlei Besonderheiten. Weder kommt eine besondere Formvorschrift noch eine besondere Abstimmungsregel zur Anwendung. Der Fortsetzungsbeschluß kann demnach sowohl in einer Gesellschafterversammlung als auch ohne eine solche durch schriftliche Abstimmung erfolgen (§ 48 GG.). Er braucht nicht gerichtlich oder notariell beurkundet zu werden. Bei der Beschlußfassung entscheidet die einfache Mehrheit der abgegebenen Stimmen. Es bedarf weder einer qualifizierten Stimmenmehrheit, noch ist Einstimmigkeit[1] erforderlich. Das Gesetz hat die Fort-

---

[1] So Neukamp, S. 270.

setzung der Gesellschaft zur Erreichung der damit verbundenen wirtschaftlichen Vorteile so leicht als möglich gemacht.[1]

Doch ist möglich, daß im Einzelfalle zur Wirksamkeit des Fortsetzungsbeschlusses die einfache Stimmenmehrheit nicht genügt. Wenn z. B. ein Gesellschafter nach dem Gesellschaftsvertrage ein Recht darauf hat, daß die Gesellschaft in einem bestimmten Zeitpunkte zu bestehen aufhört, so ist seine Zustimmung zu dem Gesellschafterbeschlusse, demzufolge die Gesellschaft über diesen Zeitpunkt hinaus fortgesetzt werden soll, unbedingt erforderlich.[2] Enthält der Fortsetzungsbeschluß eine Abänderung des Gesellschaftsvertrages, z. B. eine Fortsetzung der Gesellschaft über die statutarische Dauer hinaus, so muß der Beschluß, um wirksam zu werden, den Erfordernissen der Statutenänderung genügen. Falls im Gesellschaftsvertrage nicht noch andere Erfordernisse aufgestellt sind, muß der Beschluß gerichtlich oder notariell beurkundet werden und bedarf einer Stimmenmehrheit von drei Vierteilen (§ 53 Abs. 2 GG.). Enthält der Fortsetzungsbeschluß eine Vermehrung der den Gesellschaftern nach dem Gesellschaftsvertrage obliegenden Leistungen, so kann er nur mit Zustimmung sämtlicher beteiligter Gesellschafter gefaßt werden (§ 53 Abs. 3 GG.).

Im Gesellschaftsvertrage können für den Fortsetzungsbeschluß noch besondere Vorschriften festgesetzt werden (§ 45 GG.).

4. Nach § 65 Abs. 1 GG. ist die Fortsetzung der Gesellschaft zur Eintragung in das Handelsregister anzumelden. Zur Anmeldung sind die verfassungsmäßigen Vertreter der Gesellschaft verpflichtet, d. s. die Geschäftsführer bzw. Liquidatoren; mangels besonderer Bestimmungen des Gesellschaftsvertrages hat die Anmeldung durch sämtliche Vertreter zu erfolgen (§ 35 Abs. 2 GG.). Die Anmeldung haben die Vertreter persönlich zu bewirken oder in öffentlich beglaubigter Form einzureichen. Über den Fortsetzungsbeschluß kann der Registerrichter von Amts wegen[3] Er-

[1] Derselben Ansicht Liebmann, S. 168; Staub-Hachenburg, § 63 Anm. 22 Förtsch, S. 159; Esser, S. 110; Bett, S. 105. — Neukamp a. a. O.; Goldstein, S. 30.

[2] Staub-Hachenburg a. a. O.

[3] Staub-Hachenburg, § 65 Anm. 6.

mittelungen anstellen (§ 12 FGG.). Die Eintragung der Fortsetzung ist vom Registergericht gemäß § 10 HGB. bekannt zu machen. Säumige Anmeldungspflichtige hat das Registergericht durch Ordnungsstrafen zur Anmeldung anzuhalten (§ 14 HGB.).

Der Fortsetzungsbeschluß wird mit seiner Fassung wirksam, ohne Rücksicht darauf, ob und wann seine Eintragung in das Handelsregister erfolgt. Ist die Fortsetzung der Gesellschaft einmal beschlossen, so kann sie nur durch einen Auflösungsbeschluß gemäß § 60 Z. 2 GG., der die Liquidation der Gesellschaft zur Folge hat, beseitigt werden. Nur wenn der Fortsetzungsbeschluß zugleich eine Abänderung des Gesellschaftsvertrages enthält, bedarf er zu seiner Wirksamkeit der Eintragung in das Handelsregister; deshalb findet in diesem Falle kein Zwang zur Eintragung statt (§§ 54 Abs. 3, 79 GG.). In jedem Falle muß ein Dritter die ins Handelsregister eingetragene und bekannt gemachte Fortsetzung der Gesellschaft gegen sich gelten lassen, wenn er nicht beweist, daß er sie weder kannte noch kennen mußte. Die nicht eingetragene und bekannt gemachte Fortsetzung kann die Gesellschaft, selbst wenn sie auch ohne die Eintragung schon wirksam ist, einem Dritten nicht entgegensetzen, wenn sie nicht beweist, daß dieser die Fortsetzung kannte (§ 15 HGB.).

II. Die Folgen der Fortsetzung.

Durch die Fortsetzung wird die bereits in der Auflösung begriffene G. m. b. H. dem Leben wiedergegeben.[1] Sie dient von der Fortsetzung an nicht mehr dem Abwicklungszwecke, sondern, wie vor der Auflösung, ihrem Tätigkeitszwecke. Wie vor der Konkurseröffnung wird sie wieder durch die Geschäftsführer vertreten, nicht mehr durch die Liquidatoren. Die Gesellschaft hat dieselben Rechte und Pflichten, die sie vor dem Konkurse hatte.[2] Sie ist dieselbe juristische Person. Rechtshandlungen des Konkursverwalters bleiben aber auch für die Gesellschaft bindend.[3] Doch kommt jetzt die Wirkung des Widerspruchs der Gemeinschuldnerin gegen die angemeldeten Konkursforderungen zur Geltung (§§ 144, 194 KO.).

---

[1] Staub-Hachenburg, § 63 Anm. 24.

[2] Vgl. Bett, S. 106.

[3] Staub-Hachenburg a. a. O.; Jaeger, §§ 207, 208 Anm. 22.

Regelmäßig wird das Vermögen einer G. m. b. H., die nach einem Zwangsvergleich oder Konkursverzicht fortgesetzt wird, nur noch einen Teil des Stammkapitals darstellen. In solchen Fällen sind die Gesellschafter nicht verpflichtet, Einlagen zur Ergänzung des verloren gegangenen Stammkapitals zu machen. Allerdings können sie auch so lange keine Gewinndividenden fordern und erhalten, bis das Gesellschaftsvermögen wieder die Höhe des Stammkapitals erreicht (§§ 29, 30 GG.). Vor diesem Zeitpunkte kann eine Auszahlung von Dividenden nur erfolgen, wenn eine Herabsetzung des Stammkapitals von den Gesellschaftern beschlossen wird. Doch stellt eine solche Stammkapitalsherabsetzung, da bei ihr die Vorschriften des § 58 GG. zu befolgen sind, erneute große Anforderungen an das nach dem Konkurse doch besonders schonungsbedürftige Gesellschaftsvermögen, denen sich die Gesellschaft kaum aussetzen wird. Im übrigen kann sich an die Herabsetzung des Stammkapitals eine sofortige Erhöhung desselben anschließen. Für diese gelten die allgemeinen Vorschriften (§ 55 ff. GG.).

B. Die Erhaltung des Unternehmens.

In Fällen, in denen die Fortsetzung der Gesellschaft an rechtlichen oder an tatsächlichen Hindernissen scheitert, kann es wirtschaftlich zweckmäßig sein, das Unternehmen zu erhalten.[1] Dieses Ziel kann ebenso im Konkurse wie in der sich anschließenden Liquidation erreicht werden. Im Konkursverfahren kann der Konkursverwalter die ganze Konkursmasse, im Liquidationsverfahren können die Liquidatoren das gesamte Gesellschaftsvermögen an eine Person veräußern. Dies kann auch durch Einwerfung der gesamten Konkurs- bzw. Vermögensmasse bei der Gründung oder Kapitalserhöhung einer Aktiengesellschaft oder G. m. b. H. gegen Gewährung von Anteilen geschehen. Erfolgt die Einwerfung in eine G. m. b. H., so wird nur eine Stammeinlage dafür übernommen (§ 5 Abs. 2 GG.). Diese Stammeinlage bzw. die Einlagen werden von der in Auflösung begriffenen Gesellschaft, nicht von den Gesellschaftern gemacht. Der Geschäftsanteil bzw. die Anteile werden daher von der Gesellschaft, nicht

---

[1] Bett, S. 107, 108.

von den Gesellschaftern erworben. Der Konkursverwalter bzw. die Liquidatoren setzen nun die Anteile in Geld um. Den Erlös verteilt jener an die Konkursgläubiger, diese verteilen ihn an die Gesellschafter. Den Gesellschaftern steht es frei, vom Verwalter oder den Liquidatoren Anteile zu erwerben. Eine Pflicht dazu, besteht für sie nicht.

Wenn die Erhaltung des Unternehmens auf diese Weise nicht gelingt, können die Gesellschafter, wenn sie daran interessiert sind, eine Neugründung vornehmen.

Schluß.[1]

Auf die großen wirtschaftlichen Nachteile, die ein Konkurs einer G. m. b. H. mit sich zu bringen pflegt, ist schon wiederholt hingewiesen worden. Und es liegt vom wirtschaftlichen Standpunkte aus auf der Hand, daß alles daranzusetzen ist, den Gesellschaftskonkurs, ohne daß die Gläubiger dadurch benachteiligt werden, überhaupt zu vermeiden. Denn selbst eine Fortsetzung der Gesellschaft nach Beendigung des Konkurses durch Zwangsvergleich oder Konkursverzicht oder, wenn diese nicht möglich ist, die Erhaltung des Unternehmens als solchen kann die schlechten wirtschaftlichen Folgen des Konkurses nur mindern, aber nicht ausgleichen. Dagegen bieten Konkursabwendungsvergleiche nicht zu unterschätzende wirtschaftliche Vorteile. So wird durch sie vor allem der Wertverlust der zur Konkursmasse gehörigen Gegenstände vermieden, und die oft recht erheblichen Konkurskosten werden erspart.

Einen Präventivakkord, ein Vergleichsverfahren zur Verhütung des Konkurses, kennt das deutsche Recht nicht (vgl. EG. KO. § 4).

Wenn daher den Geschäftsführern kein privater Konkursabwendungsvergleich gelingt, so bleibt den Gesellschaftern nur noch übrig, selbst zu versuchen, vor der Konkurseröffnung eine

[1] Vgl. Jaeger, § 173 Anm. 15 und 16; Goldstein, S. 34; Bett, §§ 23—25.

Einigung mit den Gesellschaftsgläubigern herbeizuführen.[1] Gelingt dies nicht, so ist der Konkurs unvermeidlich.

Daß die vom Gesetzgeber zur Verhütung des Eintritts der Konkursmäßigkeit der Gesellschaft gegebenen Schutzvorschriften nicht hinreichend sind, ist schon in der Einleitung gesagt worden. Das österreichische Recht, welches die Gläubiger und Mitglieder der Gesellschaft nachdrücklicher schützt, weist in dieser Hinsicht manche Vorzüge auf.[2]

[1] Vgl. Leist, Die Sanierung der Aktiengesellschaften.

[2] Hachenburg in DJZ. 1912 S. 1070ff.

Metzger & Wittig, Leipzig.